KB004763

PEP GUARDIOLA

과르디올라가 이끄는 최강 맨체스터 시티 전술 콘셉트

Mastering the Premier League: The Tactical Concepts Behind Pep Guardiola's Manchester City
Copyright © 2020 by Lee Scott
Korean Translation Copyrights © 2022 by Samhomedia

Korean edition is published by arrangement with Pitch Publishing through Duran Kim Agency, Seoul.

이 책의 한국어판 저작권은 듀란킴 에이전시를 통한 Pitch Publishing와의 독점 계약으로 삼호미디어에 있습니다. 저작권 법에 의하여 한국 내에서 보호를 받는 저작물이므로 무단전재와 무단복제를 금합니다.

PEP
GUARDIOLA

과르디올라가 이끄는 최강 맨체스터 시티 전술 콘셉트

삼호미디어
samho MEDIA

PEP
GUARDIOLA

Contents

서론

돌이켜 보면 이 책의 출발은 한참 전으로 거슬러 올라간다. 나는 잘 알려진 두어 개 웹사이트에 반정기적으로 글을 쓰고 있었고, 경기의 전술적 측면에 관한 나의 글들은 대부분 잘 읽혀지곤 했다. 어느 날 나는 크리스 다윈 (Chris Darwen)이라는 사람으로부터 연락을 받았는데, 당시 그는 축구 경기의 전술적 측면에 관해서만 초점을 맞추고 그것을 다루는 웹사이트를 시작하려 했다. 크리스는 론칭하려는 웹사이트에 전술에 관한 글을 기고해줄 수 있는지 물었다. 이는 내가 관심을 갖는 주제에 관해 원하는 방식으로 글을 쓸 수 있는 좋은 기회였기에, 거절하기엔 너무도 좋은 제안이었다.

크리스는 관심을 갖는 투자자들의 재정적 후원을 이끌어내고자 했고, 그래서 그는 내가 이 웹사이트의 아이디어를 설파하는 '선언문'을 써주기를 원했다. 이때 나는 처음으로 내가 집필하는 방식과 그 이유에 관해 진지한 성찰의 시간을 가질 수 있었다.

더 이전에 나는 환상적인 축구 전술 웹사이트 '슈필페어라거룽 (Spielverlagerung)'에 합류를 제안 받는 행운을 누린 적이 있었다. 그러나

나는 그 웹사이트에 기고를 시작하지 않았는데, 궁극적으로 그들의 철학은 나와 잘 어울리지 않음을 깨달았기 때문이다. 슈필페어라거룽의 재능 넘치는 필자들은 자기 자신을 발전시키기 위해 글을 썼다. 물론 독자들도 어느 정도 중요하긴 하지만, 그 웹사이트는 필자 자신들의 향상에 더 많은 주안점을 두고 있다. 분명히 말하건대, 나는 이러한 아이디어 자체를 비판하는 것은 아니며 슈필페어라거룽의 저작들이 대단한 작품임을 인정한다. 뿐만 아니라 나는 여전히 그 웹사이트의 열렬한 독자이기도 하다.

그렇다면 나는 왜 글을 쓰는 것일까? 내가 원하는 것은 전술적 컨셉, 전술적 트렌드가 그렇게까지 복잡하지 않음을 사람들에게 보여주는 것이다. 나는 축구 경기를 둘러싼 언어적 요소들을 단순화시켜 관심 있는 모든 이들이 손쉽게 접근하고 이해할 수 있도록 하고 싶었다. 바로 이것이 크리스의 웹사이트를 위한 나의 '선언문'의 핵심이었다. 결국 이러한 과정을 거쳐 '토털 풋볼 어낼리시스(Total Football Analysis)'라는 웹사이트가 창조되었다. 이제 크리스와 나는 서로를 친구라 부르는 사이다.

무엇보다 나는 다른 많은 사람들처럼 펩 과르디올라(Pep Guardiola)의 축구와 사랑에 빠졌다. 과르디올라가 바르셀로나를 지도했을 때 그는 세계 축구를 변화시켰다. 그의 팀은 관중은 물론 상대 팀까지 매료시키는 일련의 숏패스들을 통해 상대 골문으로 전진하며 공간을 지배하고 창출하는 컨셉을 도입했다. 과르디올라는 축구 내부에서 축구를 바라보는 방식을 변화시켰을 뿐 아니라, 평론가와 팬들을 망라한 외부로부터 축구를 보는 시각 또한 변화시켰다. 축구를 바라보는 프리즘을 완전히 바꿔놓은 것이다.

과르디올라가 바르셀로나를 떠나 바이에른 뮌헨 감독직에 올랐을 때 우리는 그의 새로운 면모를 보게 되었다. 그는 독일 축구에 적응했고 독일 축구의 일부 국면들을 받아들였으며 독일 축구에 자신의 '게임 모델(game model)'을 도입했다. 그의 바르셀로나 시절이 우리에게 리오넬 메시(Lionel Messi)와 '가짜 9번(false nine)'을 선사했다면, 바이에른 뮌헨에서는 필립 람(Philip Lahm)과 '역방향 풀백(inverted full-back)'을 제공했다. 과르디올라는 중요한 공간을 지배하고 활용하기 위한 다양한 솔루션을 찾아내는 재능이 있는 것처럼 보인다. 그는 언제나 새롭고 창의적인 방식으로 이를 해내곤 했다.

　감독 과르디올라는 이미 인상적인 팀이었던 맨체스터 시티에 그의 매력적인 게임 모델을 적용시키게 된다. 부임 후 첫 시즌은 힘들게 보냈지만, 그는 영국 축구의 특징적 국면들을 많이 학습했다. 이후 맨체스터 시티는 2017/18시즌과 2018/19시즌 대부분의 라이벌들을 완전히 압도하는 경기력을 선보인다. 2017/18시즌에는 승점 신기록을 수립했고, 2018/19시즌에는 경쟁 상대 리버풀이 믿을 수 없으리만치 잘했음에도 불구하고 수준 높은 퍼포먼스를 유지하며 시즌 마지막 날 우승을 확정지음으로써 리그 2연패를 달성했다.

　이제, 내가 지난 세월 동안 과르디올라에 관해 배운 모든 것들을 가지고서 무엇이 맨체스터 시티를 이렇게 효율적으로 만드는지를 설명해야할 때가 된 것 같다. 물론, 막대한 돈을 투자하지 않았다면 과르디올라가 성공하지 못했을 거라는 견해를 제시할 사람들도 존재할 것이다. 맨체스터 시티의 자금력은 축구 세계에서 비할 데가 없지만, 그것만으로는 과르디올라가 선수들을 향상시키는 능력을 설명할 수 없다. 우리는 그의 지도를 받아 좋은 선수가 훌륭한 선수가 되고 훌륭한 선수가 월드클래스 선수가 됨을 목격해 왔다. 성공적인 팀을 만들기 위해 개별 선수들의 퍼포먼스를 10%씩 향상시키는 것, 이것이 바로 과르디올라가 경기장 안팎에서 수행해온 디테일한 사고의 수준이다.

우리는 종종 과르디올라의 지도를 받은 선수들로부터 그가 얼마나 세밀하게 경기를 준비하는지를 들어왔다. 경기가 펼쳐지기 전 과르디올라는 선수들에게 상대가 어떠한 형태로 나올 것이며 맨체스터 시티에 어떻게 대응할 것인지를 예측해주는데, 이러한 예측은 거의 언제나 현실화되곤 한다.

맨체스터 시티가 활용하는 전술적 컨셉을 분석해 보면 비교적 단순하다. 그러나 맨체스터 시티를 매우 효율적으로 만드는 것은, 이러한 전술적 컨셉을 한 치의 오차도 없이 효율적으로 실행하는 데에 있다. 나는 이 책을 통해 맨체스터 시티가 어떻게 움직임과 패스를 수행하는지, 왜 그렇게 하는지에 대한 명확한 인사이트를 독자 여러분께 전해드릴 수 있기를 바란다. 이 책을 다 읽을 때쯤 여러분이 과르디올라의 플레이 스타일을 조금 더 즐길 수 있게 된다면, 나는 이 책에 들인 나의 노력을 성공적인 것으로 평가할 수 있을 것이다.

먼저, 전술적 컨셉으로 들어가기 전에 여러분에게 익숙할 수도 있는 용어 하나를 도입하고자 한다. 그것은 바로 '하프스페이스(half-space)'인데, 이 용어는 나의 저작 안에서 광범위하게 사용되는 것이다. 그러나 소셜미디어 상에서 때때로 이 용어가 쓸데없는 은어로 간주되는 경우가 있기에 다소간 설명이 필요하다. 하프스페이스는 과르디올라가 이끄는 맨체스터 시티의 전술적 컨셉을 이해하기 위해 필수적이며, 실제로 그리 복잡한 용어가 아니다. 그림 1을 보면, 경기장을 수직으로 5등분했고 왼쪽부터 1에서 5까지 숫자를 달았다. 여기에서 2번 영역과 4번 영역이 모두 하프스페이스다. 과르디올라는 그의 팀이 공격하는 상황에서 바로 이 공간을 점유하기를 원한다.

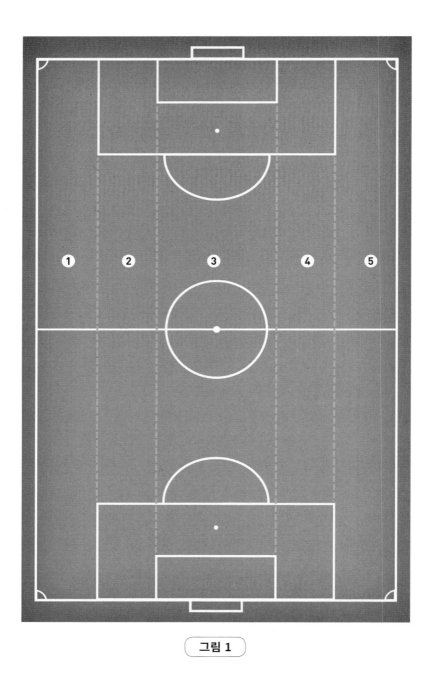

그림 1

이 공간을 적절히 점유하면, 상대는 이 공간을 커버하기 위해 어쩔 수 없이 수비 위치를 변화시키게 되는데 그러면 다른 공간들이 발생하게 된다. 앞서 말했다시피 전혀 복잡한 용어가 아니다.

Chapter 1
수비 라인으로부터 전개

과르디올라 휘하의 맨체스터 시티 경기에서 상대편 페널티 에어리어 부근처럼 아주 멀리 떨어진 지역이 아니라면, 중앙수비수들과 골키퍼가 볼을 돌리며 콤비네이션 플레이를 수행하는 시간을 목격할 수 있다. 이런 플레이를 하려면 극도의 압박을 받는 좁은 공간에서 볼을 받을 수 있는 능력이 있어야 한다. 감독 과르디올라는 골키퍼를 선발할 적에 이러한 컨셉에 주안점을 두는 것을 알 수 있다. 그가 맨체스터 시티 감독으로 임명되었을 때 팀의 넘버원 키퍼는 잉글랜드 대표 조 하트(Joe Hart)였다. 그러나 곧바로 과르디올라는 하트를 팀의 계획에서 배제했는데, 그 까닭은 압박 받는 상황에서 볼을 다루는 하트의 능력이 심히 의심스러웠기 때문이다. 처음에는 바르셀로나로 눈길을 돌려 칠레 대표 골키퍼 클라우디오 브라보(Claudio Bravo)를 영입했다. 하지만 유감스럽게도 이 영입은 실패로 귀결되었으며, 2017/18시즌이 시작할 때 맨체스터 시티는 다시 다른 키퍼를 구해야 하는 상황이 되었다.

이번에는 포르투갈 벤피카로부터 브라질 대표 키퍼 에데르송(Ederson)

을 영입하게 된다. 우리는 이후 에데르송이 잉글랜드 무대에서 세이브 능력 뿐 아니라 빌드업 단계에서의 공헌도와 볼 배급 능력으로 찬사를 받았음을 알고 있다. 공격 시 '디펜시브 써드(수비지역 1/3)'에서부터 볼 소유를 통제하는 것은 과르디올라가 맨체스터 시티에 주입한 게임 모델의 핵심 컨셉이다.

수비지역으로부터 전진하며 '파이널 써드(공격지역 1/3)'에서 찬스를 창조하기 위해서는 백 라인에서 볼이 깔끔하게 빠져나가야만 한다. 이 깔끔한 볼 전개를 위해 맨체스터 시티 선수들이 수행하는 자동화된 움직임들을 우리는 무수히 자주 목격했다. 그리고 이러한 움직임들은 맨체스터 시티 수비지역 선수들의 숫자 싸움에 의존한다. 만약 처음에 상대 팀의 한 선수가 볼에 대한 압박을 수행한다면, 맨체스터 시티는 두 명의 수비수가 페널티 에어리어의 양 사이드로 펼쳐져 골키퍼와 함께 넓은 삼각 대형을 만들어 압박을 벗어난다. 매우 단순한 빌드업(build-up)이다. 그러나 상대가 더 많은 선수들을 압박에 가담시키는 상황이라면 좀 더 복잡해지고 진화해야만 한다. 두 명의 선수들이 압박할 경우 맨체스터 시티는 가장 깊숙한 지역에 포진한 미드필더가 내려와 수적 우위를 만들고 패스 옵션을 제공한다. 세 명의 선수가 압박하는 경우라면, 깔끔한 빌드업을 보장하기 위해 풀백들 가운데 한 명, 혹은 더 전진해있던 중앙미드필더들 가운데 한 명이 내려와 가세한다. 이러한 스타일의 볼 전개 방식 이면에는 간단한 공식이 존재한다. 바로 '+1 법칙(the +1 rule)'이다.

디펜시브 써드로부터 보다 높은 지역으로 볼을 지켜내며 전진하기 위해 맨체스터 시티는 이처럼 수적 우위 상황을 만들 필요가 있다. 여기서 가장 근본적인 아이디어는 빌드업의 첫 번째 순간부터 압박에 나서는 상대 선수들보다 패스 옵션을 제공하는 우리 팀 선수를 적어도 한 명 더 확보한다는 것이다. 바로 이 아이디어가 마크 없이 자유롭게 패스 받을 수 있는 선수를 적어도 한 명 이상 보장해준다.

물론 이 규칙에도 예외는 있다. 예를 들어 리버풀처럼 한 명의 선수가 두 명의 맨체스터 시티 선수를 커버할 수 있도록 직각 형태로 움직이며 (angled runs) 지능적 압박을 시행하는 경우다. 이렇게 보다 지능적인 압박 모델을 지닌 팀을 상대할 때, 맨체스터 시티는 더 복잡한 로테이션 움직임(a more complex rotations)을 통해 그러한 압박을 벗어나는 모습을 보여준다.

한 가지 더 주목할 점은, 맨체스터 시티가 모든 경우에 골키퍼로부터 나가는 숏패스를 통해 플레이하지는 않는다는 것이다. 에데르송 골키퍼는 상대의 전방 압박 배후의 동료를 찾아내 보다 다이렉트한 중거리 패스를 연결시켜 압박을 벗어나는 옵션을 지니고 있다. 과르디올라의 첫 시즌 이후 많은 이들은 과르디올라가 한 가지 플레이 모델을 강조한 나머지 다른 변칙을 허용하지 않는다고 생각했지만, 에데르송의 중거리 패스 옵션은 그러한 고정관념에 반하는 것이다. 우리는 맨체스터 시티가 볼 소유 시 상대의 전술에 따라 그들의 게임 모델에 유연한 접근법을 채택하는 것을 목격한다. 이로 인해 상대 팀 감독들은 맨체스터 시티를 상대하는 효율적 수비 플랜을 장착하기가 훨씬 더 어려워진다. 많은 선수들로 전방 압박을 시행해야 할까? 그렇게 하면 풀백이나 미드필더들을 겨냥하는 중거리 패스에는 대응하기 어렵다. 아니면 라인 전체를 다소 내리고 플레이할까? 그러면 맨체스터 시티 골키퍼로부터 출발하는 볼 전개가 한결 깔끔해지고 용이해진다. 과르디올라가 잉글랜드에서 세 시즌을 보낸 후, 대다수 지도자들, 팬들과 평론

가들은 이제 맨체스터 시티가 공격의 첫 단계에서 무엇을 하고자 하는지를 알고 있다. 문제는 맨체스터 시티의 한 가지 빌드업 방식을 막고자 하면 다른 빌드업 방식에 노출된다는 점이다. 무언가를 해도 문제가 되고, 그것을 하지 않아도 문제가 된다는 이야기다.

이러한 딜레마로 인해, 상대가 맨체스터 시티의 안전한 볼 소유를 방해하고 막기란 매우 어렵다. 그럼에도 맨체스터 시티가 후방으로부터 빌드업을 진행할 때 상대가 전방 압박으로 대응하는 경우들이 있다. 과르디올라는 빌드업 과정에서 수비지역에 위치하는 선수들이 실수를 범하는 것을 기꺼이 허용하면서 자신의 컨셉을 중요시했다.

과르디올라의 맨체스터 시티 커리어 초반, 특히 젊은 중앙수비수 존 스톤스(John Stones)가 빌드업 과정 실수들로 인해 미디어의 비난을 받던 시절이 있었다. 하지만 과르디올라는 스톤스의 실수에 관해 미디어의 질문을 받을 때마다 강경하게 그를 지지했으며, 경기 중 발생한 어떠한 실수도 훈련을 통해 그러한 게임 모델을 장착시킨 자신과 코칭스태프의 책임이라 강변했다.

이렇게 수비 포지션 선수들은 과르디올라와 코칭스태프의 지지를 받는 안전한 환경 속에서 그들이 가르치는 모든 정보들을 습득하고 자기 것으로 만들 수 있었다. 선수들 입장에서도 어쩌면 코칭스태프를 비난하면서 상대의 압박을 받을 때마다 훨씬 더 다이렉트한 패스를 날리는 것이 보다 쉬운 선택지였을 수 있다. 하지만 맨체스터 시티 선수들은 그렇게 하지 않았다. 그들은 침착함을 유지하며 압박을 벗어나는 플레이를 하려 했다. 이러한 빌드업 성향이 그들의 '제2의 본능'이 될 때까지 말이다.

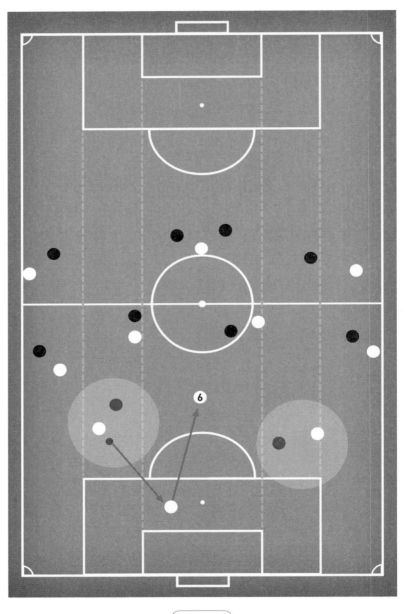

그림 2

백 라인에서부터 빌드업하는 맨체스터 시티 전술 컨셉의 가장 중요한 요소는 상대 팀보다 수적 우위 상황을 만드는 능력이다. 매우 간단히 말해, 압박을 가하는 상대보다 볼을 받을 수 있는 위치에 한 명 더 많은 선수가 필요하다는 의미다.

그림 2는 페널티 에어리어 바로 바깥 지역에서 맨체스터 시티가 볼을 소유하고 있는 사례다. 왼쪽 센터백이 볼을 소유할 때 두 명의 센터백 모두가 상대 선수들의 근접 압박을 받고 있지만, 에데르송 골키퍼의 지원을 활용해 백패스를 할 수 있다. 이 대목에서 우리는 과르디올라 컨셉의 첫 단계가 구현되는 것을 본다. 그런데 두 명의 센터백이 잡혀있는 반면 '6번' 미드필더는 그렇지 않은 상태다. 두 센터백은 좌우로 넓게 펼쳐 압박하는 상대 공격수들을 끌어당기고 이때 6번이 내려오면 압박을 받지 않는 에데르송은 간단한 종패스를 6번에게 보낼 수 있게 된다.

이 컨셉은 센터백 한 명과 6번이 압박을 받는 3v2 상황에서도 동일하게 적용된다. 압박을 받지 않는 센터백이 공간으로 움직이면 맨체스터 시티는 패스를 받고 압박을 벗어날 수 있게 된다. 만약 상대가 두 명보다 많은 선수를 활용해 압박에 나선다면, 맨체스터 시티는 풀백들 중 한 명 혹은 나머지 두 명의 중앙미드필더들 중 한 명을 플레이에 개입시켜 수적 우위를 계속 보장하려 들 것이다.

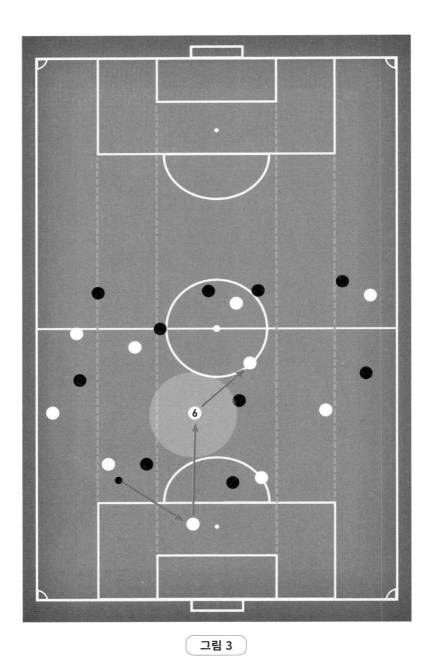

그림 3

그림 3은 다소간 유사한 사례다. 여기서도 맨체스터 시티가 수비지역 빌드업을 할 때 '6번'이 프리맨 역할을 한다. 센터백이 에데르송에게 백패스하고 에데르송이 6번에게 전진 패스함으로써 압박으로부터 벗어나는 같은 원리가 적용된 것이다. 그러나 이 경우에는 그림 2와는 달리 패스가 보다 위험해진다. 두 센터백들 사이의 공간이 좁아 압박하는 상대 선수들이 훨씬 더 가까운 위치에 있는 까닭이다. 2017/18시즌을 앞두고 맨체스터 시티가 에데르송을 영입한 이유의 중요한 일부는 역시 발을 사용한 골키퍼의 볼 분배 능력일 것이다. 그리고 이러한 그림이야말로 그 판단이 논리적이었음을 보여준다.

에데르송이 볼을 지니고 있을 때 그림에서 설정된 구조를 보면 두 명의 풀백이 앞에 있지만 그들은 6번과 같은 라인에 위치하고 있다. 이 '라인'은 경기장의 수평적 라인을 뜻한다. 가장 공격적인 구조는 각각의 선수들이 다양한 각도의 패스들을 활용해 볼을 전진시킬 수 있게끔 자신을 위치시키는 것이다. 이 상황에서는 압박을 벗어나는 패스 옵션을 만들어 볼을 안전하게 전진시키기 위해 풀백들이 가운데 혹은 측면으로 내려올 준비가 되어있다.

에데르송이 6번에게 패스하면 6번은 단순히 압박을 피하면서 보다 전진해있는 동료에게 볼을 공급할 수 있다. 이러한 모든 과정은 맨체스터 시티 선수들이 볼을 받기 위해 어떠한 라인과 각도에 위치해야 하는지를 알고 있기에 가능하다.

볼이 위쪽으로 이동함에 따라 볼 전진에 개입하는 에데르송의 역할은 감소한다. 그 대신 '6번'과 두 풀백의 역할이 더 중요해진다. 카일 워커(Kyle Walker)가 라이트백, 에므리크 라포르트(Aymeric Laporte)가 레프트백으로 기용되는 경우 특히 그러하다. 이 선수들은 모두 볼을 받기 위해 안쪽으로 움직여 센터백과 같은 라인에 위치하는 것을 볼 수 있으며, 이를 통해 볼을 전진시킨다.

때때로 맨체스터 시티 선수들이 수비 라인에서 목적 없이 패스를 돌리는 것 같은 상황이 목격되는데, 사실은 볼을 받는 각각의 선수들이 볼을 돌리기 이전 우선순위로서 종패스를 받을 미드필드 진영 동료를 찾고 있는 것이다. 상대의 압박 라인 뒤쪽 미드필드로 깔끔한 패스 길이 보이지 않을 경우에 옆 동료에게 볼을 건넨다.

PEP
GUARDIOLA

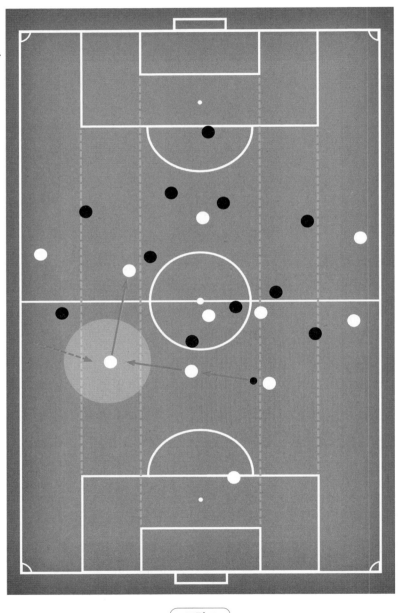

그림 4

그림 4에서는 필드 안쪽으로 살짝 들어오며 왼쪽 하프스페이스를 점유하는 레프트백에게 볼이 이동함을 볼 수 있다. 이 작은 움직임 하나가 레프트백으로 하여금 볼을 받아 하프스페이스 더 높은 라인에 존재하는 중앙미드필더에게 볼을 연결시킬 수 있게끔 한다. 상대의 수비 블록이 필드 반대편 측면에 집중되어 있었으므로 맨체스터 시티 선수들은 빠른 속도로 방향을 전환해 앞으로 나아갈 수 있게 된다.

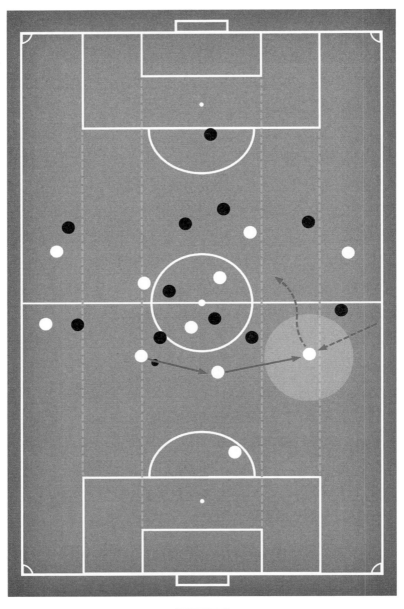

그림 5

앞선 사례의 레프트백 라포르트가 볼 건네줄 동료를 찾는 보다 조심스러운 유형이라면, 라이트백 워커는 볼을 전진시킬 때 다른 선택을 더 자주 시도하는 선수다. 그림 5를 보면 볼이 수비 라인에서 방향 전환되며 라이트백 워커에게 전달되는 것을 볼 수 있다. 워커는 볼을 받자마자 압박 라인 뒤쪽으로 전진 패스를 시도하지 않고 직접 볼을 소유하면서 드리블로 상대 수비블록을 뚫고 나아간다. 이렇게 수비 라인에서부터 볼을 갖고 달릴 수 있는 선수를 지니고 있다는 것은 팀에 큰 이점이 되는데, 볼 지닌 한 명의 선수가 상대 수비수들을 각자의 위치로부터 이탈시켜 볼에 대한 압박을 가하게끔 강요할 수 있는 까닭이다. 그렇게 되면 자신의 위치를 벗어난 수비수들의 뒷공간이 발생하게 되고 맨체스터 시티의 앞쪽 동료들이 이러한 공간을 활용할 수 있다. 맨체스터 시티를 상대하는 팀들이 종종 깊숙하게 내려서 자리를 지키며 압박에 소극적인 형태를 취하는 경우, 맨체스터 시티가 이러한 방식으로 상대 수비 블록을 교란시키는 장면들이 목격된다. 맨체스터 시티는 그들의 풀백이나 심지어 센터백들에게까지 전진 드리블을 시킨다. 상대 수비수들이 그것을 방어하기 위해 움직이면, 맨체스터 시티의 보다 창조적인 선수들은 그들이 비우고 나온 공간을 철저하게 응징한다.

　워커 같은 선수가 수비 라인에서 볼을 소유하면 상대에겐 이중의 위협으로 다가오는데, 그는 위에서 언급한 바와 같이 전진 드리블이 가능하고, 아니면 높은 지역으로 스루패스를 공급할 수도 있기 때문이다. 과르디올라의 게임 모델에 대한 전술적 이해는 워커가 맨체스터 시티에서 핵심 자원으로 활약해온 이유를 설명해준다.

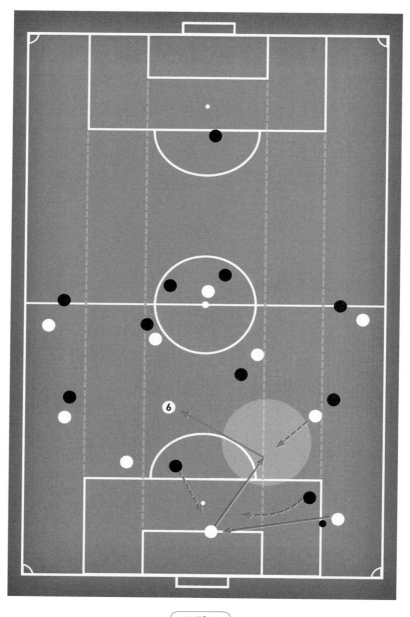

그림 6

앞서 살펴보았듯 맨체스터 시티는 풀백들을 활용해 상대 수비 블록을 깔끔하게 돌파하면서 볼을 전진시키는 경우들이 존재한다. 그림 6을 보면 처음에 볼이 수비진영 가장 깊숙한 곳에 있는 수비수에게 있다. 압박을 받는 상황에서 그는 자신을 돕는 에데르송 키퍼에게 패스한다. 보통 이러한 경우 상대는 두 명의 공격수가 압박에 나서는데, 우리는 맨체스터 시티가 '6번'을 활용해 수적 우위를 만드는 것을 보았다. 하지만 이 장면에서는 상대 공격수가 골키퍼를 압박하면서 센터백과 6번에게로 향하는 패스 길을 동시에 커버하는 모습을 볼 수 있다.

이 경우, 시간이 좀 있다면 왼쪽 센터백이 페널티 에어리어 사이드 지역으로 신속히 내려가는 방법이 있다. 이 움직임이 골키퍼로 하여금 압박을 피하고 볼 소유를 유지할 수 있도록 할 것이다. 그러나 만약 상대 공격수의 압박이 매우 빠르게 들어와 센터백이 움직일 시간이 없다면, 골키퍼는 더 빨리 반응해야 한다. 이때 라이트백이 오른쪽 하프스페이스로 내려오면 골키퍼가 볼을 전개시킬 수 있는 깔끔한 패스 경로를 만들어 줄 수 있는 것이다.

우리는 맨체스터 시티가 '6번' 혹은 그보다 높은 지역에 있는 중앙미드필더들에게 볼을 전진시키기 이전에, 하프스페이스를 점유하는 선수에게 일차적으로 볼을 연결시키는 이러한 움직임을 종종 볼 수 있다.

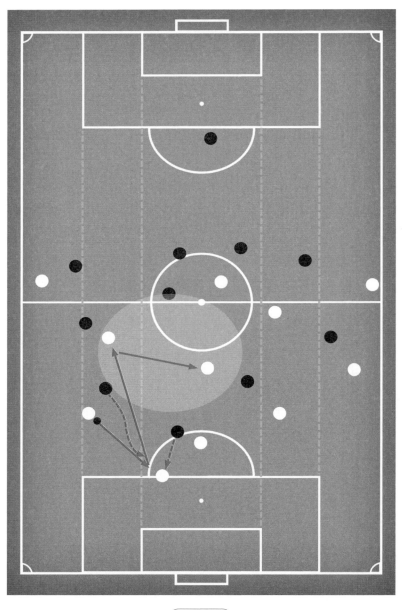

그림 7

에데르송은 발로 패스하는 능력이 뛰어나기에, 백 라인에서부터 볼을 전개시키는 방식에 있어 다양한 응용을 가능케 한다. 그의 볼 다루는 능력은 맨체스터 시티가 다양한 포지션으로 구조를 만들어내 상대를 제압할 수 있게끔 한다. 그림 7을 보면 맨체스터 시티가 쉽사리 전진하지 못하도록 상대가 압박을 가하고 있다. 두 명의 상대 선수들이 압박하는 각도와 근접성은 에데르송이 빠르게 볼을 처리해야만 함을 의미한다. 그렇지 않으면 볼을 빼앗길 수도 있다.

이와 같은 상황에서 패스 길을 만들고 스루패스를 가능케 하는 움직임을 수행하는 선수는 중앙미드필더다. 그는 전진해 있는 위치에서 하프스페이스로 내려오며 패스를 받아야 한다. 에데르송의 패스가 압박하는 두 명의 상대 선수들 사이를 관통해버리면, 맨체스터 시티는 다시 한 번 각자의 위치로부터 이탈한 상대 팀 선수들을 지나치면서 보다 높은 지역으로 편안하게 볼을 전개시킬 수 있다.

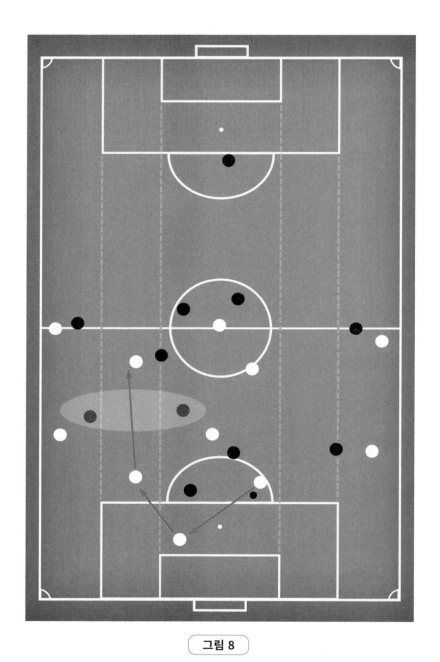

그림 8

이 컨셉에서 마지막으로 다룰 국면은 맨체스터 시티가 종패스로 상대의 라인을 깨뜨리면서 중앙지역으로 볼을 전진시키고자 하는 욕구에 관한 것이다. 그림 8을 보면, 센터백이 에데르송에게 패스를 주고 에데르송은 몸을 열어 반대쪽 센터백에게 패스를 내줌으로써 상대 선수들의 압박으로부터 우회한다.

이것이 바로 맨체스터 시티가 필드 더 높은 지역으로 전진해 나아가려 하는 시점이다. 상대의 수비 구조는 콤팩트하지 않으며 상대 선수들이 맨체스터 시티를 압박하기 위해 끌려나와 있다. 이 상황에서 센터백이 골키퍼로부터 볼을 받게 된다면, 그는 즉각적인 압박을 거의 받지 않는 상태로 볼을 갖고 앞으로 나아갈 수 있다.

여기서 센터백 앞쪽에 상대 선수 두 명이 같은 라인에 존재하는데, 센터백은 그들 뒤쪽에 올라가 있는 미드필더를 찾아내 압박 라인을 관통하는 종패스를 두 명 사이로 공급한다. 이러한 패스가 이루어지면, 맨체스터 시티는 그들의 공격적 움직임을 본격적으로 시작할 수 있는 높은 지역의 거점을 만들어낸 것이다. 상대 라인 뒤쪽에 만들어지는 이러한 거점이야말로 공격 측 입장에서는 믿기 힘들 정도로 효율적이다.

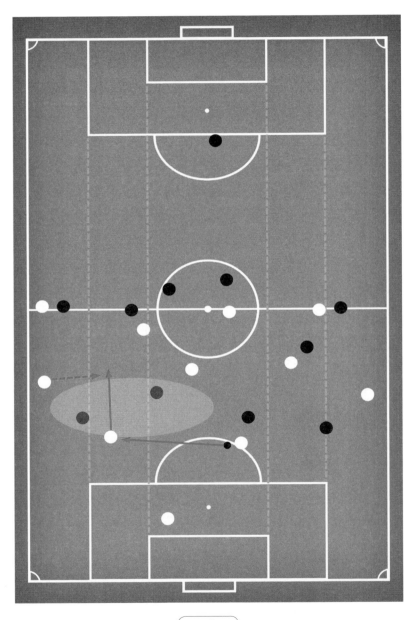

그림 9

그림 9에서 두 명의 센터백으로부터 시작되는 유사한 볼 전개 장면을 볼 수 있다. 왼쪽 센터백이 볼을 받았을 때, 매우 근접한 위치에 상대 선수 두 명이 있다. 하지만 이 두 선수들 사이에는 다소간 거리가 있어, 레프트백의 영리한 움직임이 이 라인을 관통하는 스루패스를 쉽사리 공급할 수 있게끔 한다.

센터백이 볼을 가지고 있는 상황에서 레프트백은 측면 지역으로부터 약간 옆으로 들어와 왼쪽 하프스페이스로 움직인다. 이 움직임은 볼을 갖고 있는 선수에게 두 명의 상대 선수들을 관통할 수 있는 패스 길을 만들어주게 된다. 풀백에게 패스가 연결되자마자 이 풀백은 하프라인 쪽을 향해 전진하거나 전진 패스를 시도할 수 있다.

이러한 작은 전술적 움직임이 맨체스터 시티로 하여금 효율적이고도 안전하게 상대를 뚫고 볼을 전진시킬 수 있게끔 한다. 이러한 일련의 플레이의 가장 영리한 국면은 맨체스터 시티가 매우 유연하다는 점에 있다. 상대가 볼을 압박하기 위해 어떤 방식을 취하든지 간에, 맨체스터 시티는 그것에 대한 해결책을 찾아낸다. 그들은 중앙지역으로 플레이를 전개시킬 수 있는 수적 우위 상황을 창조해내며, 골키퍼나 센터백을 위한 패스 경로들을 만들기 위해 영리하게 위치선정(positioning)을 한다.

이러한 영역들에서 맨체스터 시티가 사용하는 컨셉은 복잡하지 않고 복잡해서도 안 되지만, 그렇다고 해서 이것이 그들을 쉽사리 막을 수 있다는 뜻은 아니다. 높은 지역에서 강하게 압박하여 맨체스터 시티의 빌드업을 막으려 하는 팀들이 있을 것이나, 이러한 상황에서 우리는 에데르송 키퍼가 자신의 다양한 패스 능력을 활용해 상대 압박 뒤편의 중앙지역으로 볼을 넘겨주는 것을 보게 된다.

Chapter 2
풀백들의 역할

축구 종목에서 최근 십년 동안 풀백만큼 급진적 변화를 경험한 포지션은 아마 없을 것이다. 전통적 견지에서 풀백은 대체로 수비적 역할을 수행하며 때때로 상대 진영으로 넘어가 침투하는 정도였다. 하지만 오늘날의 풀백은 공격 단계에서 윙어들에게 전형적으로 요구되곤 했던 공격적 액션까지 수행할 것으로 기대되고 있다.

풀백들은 어태킹 써드(공격지역 1/3)에서 넓은 좌우 폭을 제공하며 다른 공격 동료들과의 연계를 통한 콤비네이션 플레이의 옵션을 제공한다.

이러한 변화는 중앙지역에서의 공간이 축소됨에 따른 결과이며, 훈련과 스포츠과학이 발전함에 따라 선수들의 신체적 적합도와 강인함이 향상된 것과도 관련이 있다. 중앙지역 공간이 점차 타이트해지면서, 오직 풀백만이 볼을 잡았을 때 전진할 수 있는 공간을 갖게 된 것이다. 이처럼 포지션에 대한 본질적 변화에 부합하기 위해, 풀백에게 요구되는 기술적 요소들은 더 많은 공격적 위협을 제공할 수 있는 방향으로 변화하고 있다.

풀백은 여전히 디펜시브 써드(수비지역 1/3)와 미들 써드(중원지역 1/3)

에서 볼을 받곤 하지만, 파이널 써드(공격지역 1/3)의 타이트한 공간들에서 볼을 받을 수 능력 또한 필요하다. 실제로 윙어들이 풀백으로 포지션을 변경해 플레이하는 트렌드도 시작됐는데, 이는 윙어들이 공격 시 높은 위치에서 플레이하는 자연스런 성향을 지니고 있는 까닭이다. 이 바탕에는 공격 자원에게 수비하는 법을 가르치는 것보다 수비 자원에게 공격하는 법을 적절히 가르치는 것이 더욱 어렵다는 믿음이 깔려있다.

풀백은 과르디올라가 지도하는 팀에서 항상 중요한 포지션이었다. 과르디올라가 바르셀로나를 지휘할 때 다니 알베스(Daniel Alves)가 세계 최고의 풀백이 되었음은 거의 이론의 여지가 없다. 물론 알베스는 극도로 높은 볼 점유 시스템을 장착했던 바르셀로나에서 사실상의 윙어로 활용되었지만 말이다. 바이에른 뮌헨 시절에는 람과 데이비드 알라바(David Alaba)를 그의 전술에 맞게 활용했다.

과거의 풀백은 측면지역에서 대체로 직선적 움직임을 취했지만, 바이에른 뮌헨 시절 과르디올라는 풀백들이 역방향으로 위치하는(inverted position) 방식을 처음 시도했다. 팀이 볼을 소유-바이에른의 경우 매우 장시간-하고 있을 때, 윙어가 높은 지역 바깥 사이드에 위치하면서 폭을 넓히면 풀백은 중앙지역으로 들어가 볼 소유권 유지를 돕는다. 볼과 가까운 쪽 풀백은 종전보다 조금 안쪽으로 좁히더라도 측면 위치를 유지하지만, 볼과 먼 쪽 사이드에 있는 풀백은 미드필드 중앙지역으로 이동한다. 이를 통해 바이에른 뮌헨은 언제나 경기장 중앙지역을 지배할 수 있으며, 볼 지닌 선수는 패스 옵션을 제공하는 주변 동료들의 도움을 받을 수 있게 된다. 또한 이러한 포지션 스위칭은 티아고 알칸타라(Thiago Alcantara) 같은 선수가 그의 위치로부터 전진하여 상대 미드필드와 수비 라인 사이의 공간을 공략하는 기회를 창조해낼 목적으로 기획되었다.

과르디올라가 2016년 맨체스터 시티에 취임했을 때 잉글랜드 축구에서도 이와 같은 역방향 풀백을 볼 것이라는 강렬한 기대감이 있었다. 그러나 우리가 목격한 것은 과르디올라가 이제껏 생각해온 것보다 더 세심하고 유연한 감독이라는 사실이었다. 과르디올라의 첫 시즌에 파블로 사발레타(Pablo Zabaleta), 가엘 클리시(Gael Clichy), 바카리 사냐(Bacary Sagna), 알렉산다르 콜라로프(Aleksandar Kolarov), 헤수스 나바스(Jesus Navas) 같은 풀백들이 전통적 측면 위치(traditional wide position)에서 플레이하는 경우들이 종종 있었다. 또 다른 경기들에서는 상대에 따라 풀백들이 측면보다는 '역방향 역할(inverted roles)'로 활용되기도 했다. 오히려 중요한 이슈는 이 풀백들이 과르디올라를 만족시킬 만한 충분한 퀄리티를 갖추지 못했다는 점이었는데, 이 다섯 선수들은 대체로 그들의 커리어 후반기에 돌입한 인물들이었다. 결국 2017/18시즌을 앞두고 이 포지션에 많은 자금을 투자해 새로운 선수를 영입해야할 필요성이 있었고, 그 결과 벵자맹 멘디(Benjamin Mendy), 카일 워커 그리고 다닐루(Danilo)가 보강되었다.

이러한 영입 효과는 과르디올라 두 번째 시즌 초반부터 즉각 나타났다. 첫 시즌 과르디올라가 익숙하지 않은 축구 문화에 적응하는 시간을 보냈다면 두 번째, 세 번째 시즌은 감독 과르디올라가 자신의 생각대로 잉글랜드 문화를 변형시키는 시간이었다. 이것의 중요한 몫을 새로운 풀백들이 담당했다. 그들은 맨체스터 시티의 잠재적 공격력을 완벽하게 터뜨리기 위한 최후의 전술적 퍼즐 조각이었다.

바르셀로나에서 과르디올라 휘하의 풀백들은 전통적 역할을 수행했지만, 바이에른 뮌헨에서는 역방향 역할이었다. 그러나 맨체스터 시티에서는

'혼합형 역할(hybrid roles)'로 진화했다. 때로는 같은 경기 안에서조차 풀백이 측면 위치를 담당하다가 하프스페이스나 중앙지역으로 역할을 변경하는 경우들이 있다. 또한 우리는 한 명의 풀백이 측면에서 공격을 지원하는 역할로 활용되는 반면 다른 풀백은 거의 3백을 형성하는 후방 라인을 유지하는 경기들도 목격할 수 있다.

　이러한 유연성은 풀백 포지션에서 플레이하는 선수들이 많은 양의 전술적 정보(tactical information)를 지니고 있을 것을 요구한다. 해당 선수들은 게임 모델의 요구를 충족시키기 위해 언제 어떻게 특정 지역으로 들어오고 나가야 하는지를 반드시 이해해야만 하는데, 이것이 바로 과르디올라와 코칭스태프가 끊임없이 수행하는 팀 발전 프로세스다.

　따라서 과르디올라 시스템 하에서 성공하는 풀백의 유형에는 매우 구체적인 의미가 있다. 워커나 멘디 같은 부류는 꽤나 전형적인 풀백들로 간주될 수 있지만, 페이비언 델프(Fabian Delph)와 올렉산드르 진첸코(Oleksandr Zinchenko)도 레프트백으로 플레이한다. 그리고 기본적으로 미드필더들인 이 선수들의 공헌 방식은 이 포지션에 대한 다른 해석을 제공한다. 실로, 과르디올라의 전체 게임 모델을 통틀어 풀백 포지션이야말로 학습하고 플레이하기가 가장 복잡한 포지션이라 할 수 있을 정도다. 맨체스터 시티 초기에 풀백들의 연령이 높아지고 있었고 과르디올라가 요구하는 플레이를 해내지 못하면서, 그가 어려움을 겪었던 것이 이것으로 어느 정도 설명이 된다.

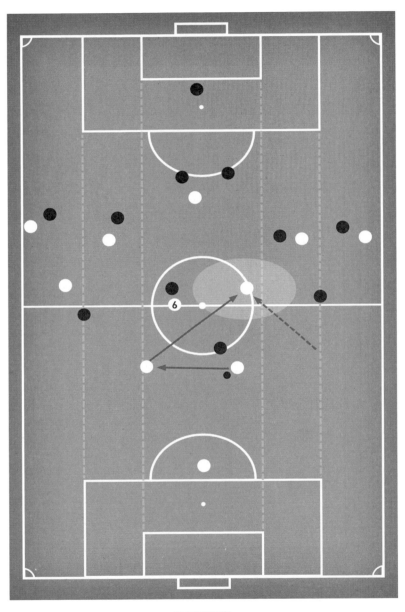

그림 10

바르셀로나, 바이에른 뮌헨, 맨체스터 시티를 막론하고 감독 과르디올라가 사용하는 게임 모델의 가장 핵심적 부분은 경기장 중앙지역을 지배하고 장악하는 능력이다. 문제는 과르디올라가 바르셀로나를 떠나면서부터였는데, 다른 클럽들은 차비 에르난데스(Xavi Hernandez)만큼 끊임없이 움직이고 패스하며 중원 전역에 걸친 공간을 지배하는 선수를 보유하고 있지 않은 까닭이다. 그 대신 과르디올라는 다비드 실바(David Silva)나 케빈 더 브라위너(Kevin De Bruyne) 같이 파이널 써드 공간을 보다 편안하게 점유하는 미드필더들을 지니고 있었다. 이로 인해 과르디올라는 중앙 공간 장악을 위해 더 많은 방법들을 창안해내야만 하는 상황에 직면한 것이다.

하여, 과르디올라는 풀백들이 사선으로(diagonal) 움직여 중앙으로 들어가 이 지역에서 '수적 우위(numerical superiority)' 및 '과밀화(overloads)' 상황을 만들어낼 수 있도록 했다. 그림 10은 맨체스터 시티 풀백들의 사선 움직임의 사례다. 이것은 공간을 장악할 뿐 아니라 더 나아가 파이널 써드로의 볼 전진에 도움을 줄 수 있다. 왼쪽 센터백이 볼을 소유하고 있을 때 라이트백, 예를 들어 워커는 중앙지역으로 전개할 패스 경로를 만들어낼 수 있게끔 사선으로 움직인다.

그러면 풀백들은 이 위치 선정으로부터 넓은 거점을 확보하고, 맨체스터 시티는 이를 활용해 공격 포지션들을 창조할 수 있다. 한 명 또는 두 명의 풀백이 가운데로 이동해 '6번'과 동일한 라인에 위치할 때, 파이널 써드의 공간이 너무 콤팩트한 경우라면 맨체스터 시티는 언제나 뒤쪽으로 볼을 돌릴 수 있는 서포팅 라인을 지니게 된다. 또한, 풀백들의 이러한 위치선정은 상대가 효율적인 역습을 시작하는 것을 더 어렵게 만드는 효과도 있다.

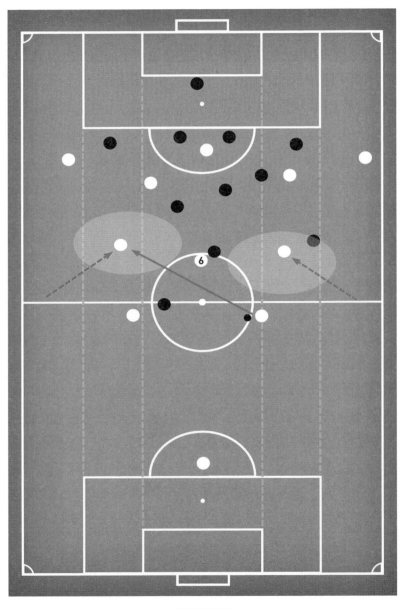

그림 11

그림 11은 두 명의 풀백 모두가 역방향 움직임을 시행하여 '6번' 좌우에 위치하는 맨체스터 시티의 패턴을 보여준다. 이러한 움직임에서 가장 중요한 부분은 볼을 앞으로 이동시켜 나아가는 것이다. 디펜시브 써드와 미들 써드에서 볼을 소유한 맨체스터 시티 선수들에게 이것은 언제나 최우선 순위로 간주된다. "깔끔하게 볼을 전진시키기 위해 상대의 압박 라인을 벗어날 기회를 만들어낼 수 있는가?"의 문제다. 파이널 써드에서 볼을 소유한 선수라면, 그들의 최우선 순위는 "내가 슈팅할 공간을 찾아낼 수 있는가?" 혹은 "동료가 슈팅할 기회를 내가 만들어낼 수 있는가?" 쪽으로 바뀌게 된다. 전술적 관점에서 우리가 맨체스터 시티에 관해 아는 모든 것은 이러한 국면들을 염두에 두고 고찰되어야 한다.

이 그림에서와 같이 두 풀백이 '6번'과 같은 라인으로 역방향 움직임을 수행할 때, 측면 공간으로부터 왼쪽 하프스페이스로 이동한 레프트백, 예를 들어 델프에게 볼이 사선으로 연결된다.

이제 맨체스터 시티는 왼쪽 하프스페이스에서 볼을 지니고 있고, 그러면 상대 수비 블록은 그 공간을 커버하기 위해 이동해야 할 것이다. 이 단편적인 움직임으로 인해 창조되는 형태가 흥미롭다. 맨체스터 시티는 세 명의 선수로 이루어진 거점 라인을 지니게 되고 앞쪽에는 다섯 명의 공격 자원들이 있다. 이 다섯은 측면지역, 하프스페이스, 중앙지역 모두에 걸쳐 폭넓게 펼쳐져 있다. 이러한 상황에서 상대의 블록이 이동하면, 이 다섯 명 선수가 파이널 써드에서 위협적 상황을 만들어낼 공간들이 필연적으로 발생할 것이다.

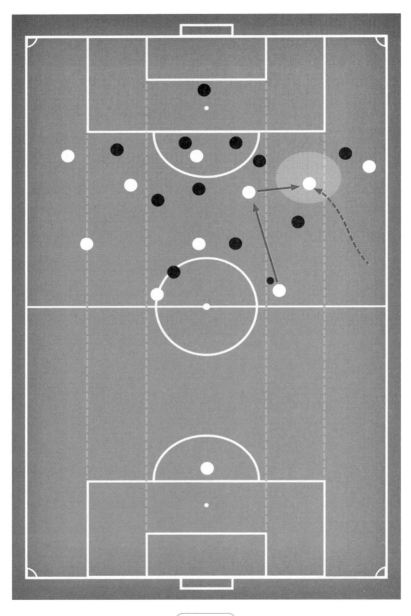

그림 12

맨체스터 시티 전술 시스템에서 풀백의 또 다른 주요 국면은 수비지역으로부터 공격 구조 상 필요한 공간을 점유하기 위해 움직이는 능력에 관한 것이다. 과르디올라가 측면공격수 포지션에 어떠한 선수를 선택하느냐에 따라, 풀백이 활용하게끔 열리는 공간이 달라진다. 라힘 스털링(Raheem Sterling)이나 리로이 자네(Leroy Sane) 같은 선수들이 플레이하게 되면, 공격 초기 단계에서 그들은 터치라인 부근 측면 위치를 유지하는 경향이 있다. 이는 하프스페이스 안쪽에 공간이 열린다는 의미다. 만약 베르나르두 실바(Bernardo Silva) 같은 선수가 플레이한다면, 이 선수는 하프스페이스를 점유하는 것을 선호하므로 풀백에게 열리는 공간은 측면지역이 될 것이다.

선수 유형에 따른 이러한 약간의 변화야말로 풀백들이 제대로 이해하고 수행해야만 하는 정보다. 그림 12에서 볼은 수비수로부터 전진해 있는 중앙 미드필더에게 전달된다. 측면공격수는 폭넓은 측면 위치를 유지하면서 상대 수비 블록이 측면까지 분산되도록 유도한다. 한 명의 수비수가 측면공격수의 위협을 커버하기 위해 측면으로 끌려나오게 되고, 이로 인해 맨체스터 시티는 하프스페이스에서 점유 가능한 공간을 효율적으로 만들어낸다. 라이트백 워커가 아까와는 다른 유형의 사선 움직임을 시행하는데, 이번에는 더 높은 위치로의 사선 움직임이다. 워커는 상대의 수비와 미드필드 라인 사이에 존재하는 위협적 공간에서 볼을 받는다.

풀백들이 공격 시스템 상에서 앞쪽 동료들의 위치에 따라 발생하는 공간으로 침투하는 이러한 움직임은 대단히 중요하다. 특히나 깊숙하게 내려앉아 콤팩트한 수비 블록을 형성하는 상대 팀을 깨뜨리기 위한 상황이라면 더욱 그러하다.

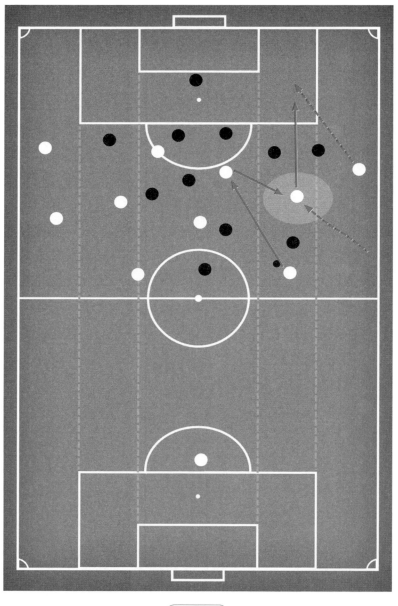

그림 13

이렇게 풀백들이 하프스페이스로 들어가면 그들은 다른 공격 자원들과 연계되면서 숫자 싸움에 가세, 맨체스터 시티가 상대 수비 라인을 통과할 수 있는 패스 각도를 만들어낼 수 있다.

그림 13에서 워커가 라이트백 위치로부터 높은 지역의 오른쪽 하프스페이스로 이동한다. 이때 볼이 높은 위치의 중앙미드필더에게 전달되고 이어서 하프스페이스의 워커에게 연결되면, 이 위치가 상대에게 얼마나 부담이 되는지 알 수 있다. 여기서 중앙미드필더에게 전달되는 첫 번째 패스와 워커의 사선 움직임이 타이밍이 맞아야 한다. 이 패스와 움직임이 동시에 일어난다는 사실은 가장 근접한 수비 선수가 두 방향의 위협을 동시에 커버하는 것을 불가능하게끔 한다. 그리고나서 워커에게 볼이 넘어갈 때 상대 수비 선수는 거의 꼼짝 못하게 되는 것이다.

이러한 지역에서 풀백들은 엄격하게 정해진 움직임으로부터 해방되며, 창의적 플레이의 자유를 얻는다. 이 그림에서는 풀백의 패스가 수비 라인을 통과해 페널티 에어리어 안으로 투입되고, 스털링이 이 볼을 받기 위해 사선으로 움직일 수 있음을 예시한다.

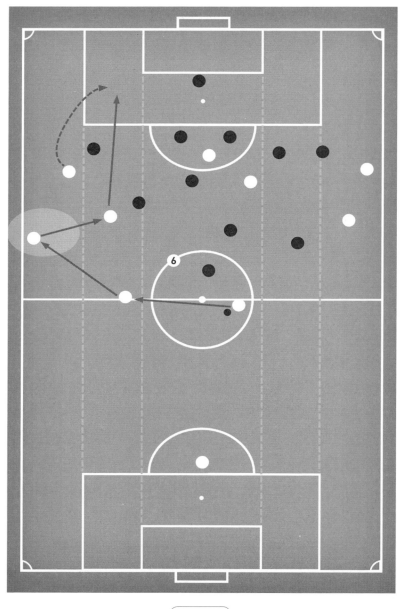

그림 14

우리는 워커가 라이트백 위치로부터 이렇게 사선으로 움직여 높은 지역으로 이동하는 것을 자주 목격한다. 그런데 반대편 측면에서는 풀백의 전형적 위치선정이 살짝 더 낮은, 후방 지역이다. 또한 그는 두 명의 중앙미드필더들과 구별되는 위치를 고수한다. 미드필더들 가운데 통상 왼쪽에 있는 다비드 실바는 왼쪽 하프스페이스에 위치하는데, 그곳에서 그는 왼쪽 윙어와 연계될 수 있다. 이 경우 레프트백은 역방향으로 들어가지 않고 측면 공간에 위치하면서 다른 역할을 수행하게 된다.

그림 14에서 보듯 레프트백이 '6번'과 동일한 라인에서 측면 위치를 고수한다. 볼이 수비 라인을 가로질러 이동해 레프트백, 예를 들어 델프에게 전달되면 그는 측면 공간에서 볼을 받는다. 델프가 선택할 수 있는 옵션은 측면의 동료를 향해 바깥쪽으로 볼을 내주거나 혹은 중앙미드필더와 연계하는 것이다. 여기서는 볼을 중앙미드필더 다비드 실바에게 내주고, 측면 자원을 페널티 에어리어 모서리 쪽으로 침투시키는 것이 목표다. 그러면 다비드 실바는 스루패스를 공급해 측면의 동료로 하여금 자유롭게 공격을 펼칠 수 있게끔 한다.

그러므로 레프트백은 앞서 언급한 라이트백과는 달리 측면에 위치하면서 조력자 역할에 보다 충실하게 된다. 이러한 측면이 델프와 라포르트같은 선수가 레프트백 역할을 수행할 때 꽤나 효율적이었던 이유의 일부다. 멘디가 부상으로 2018/19시즌 대부분을 뛰지 못하게 되면서 과르디올라는 레프트백에 의한 공격적 위협 수단을 잃었고, 그래서 팀의 나머지 구조를 이에 맞춰 적응시켜야만 했다. 다행스럽게도 후방에 머무르는 레프트백 역할이 측면으로 돌아 나아가는 플레이를 선호하는 다비드 실바 같은 선수와 완벽하게 잘 어울렸다.

　물론 일반적 견지에서 풀백 포지션은 축구에 있어 중요하다. 이 포지션을 담당하는 선수들은 수비 위치에서 볼을 받는 순간 통상 시간과 공간을 갖게 되고 즉각적인 압박을 받지 않으면서 앞으로 전진할 수 있다. 과르디올라는 풀백의 이러한 역할을 다른 차원으로 발전시켰는데, 풀백들이 후방 혹은 전방 하프스페이스를 향해 사선 움직임을 시행함으로써 공격을 도울 수 있도록 한 것이다.

　현대의 풀백은 수비 위치를 점유하며 수비적 역할에 충실했던 예전의 풀백과는 완전히 다르다. 풀백들은 맨체스터 시티 전체 팀이 하나의 유닛(unit)으로 작동하게끔 공수 양면에 걸쳐 핵심적 지원을 제공하는 키 플레이어들이다. 맨체스터 시티 풀백들이 경기별로 주어지는 특정한 요구들에 부응하기 위해서는, 폭넓고 다양한 기술적 역량을 지녀야 할 뿐 아니라 과르디올라의 전체 게임 모델에 대한 완전한 이해를 필요로 한다. 여러 가지 측면에서, 풀백은 맨체스터 시티를 위해 가장 중요한 포지션이라 말할 수 있다.

PEP
GUARDIOLA

Chapter 3
페르난지뉴 롤

감독 과르디올라의 팀에서 세 미드필더들 가운데 가장 아래쪽 중심 미드필더인 '6번' 선수는 그가 누구이든지 간에 심리적 압박을 경험할 것이다. 이 포지션은 과르디올라 자신이 선수 시절 그의 커리어를 바쳤던 바로 그 역할이고, 과르디올라야말로 그 포지션에서 뛰는 선수에 대한 기대치를 재정립한 인물인 까닭이다. 전통적으로 이 포지션을 맡는 선수는 수비적인 선수로서 상대의 공격을 분쇄하고 더 앞에 있는 선수들에게 볼을 돌리는 임무를 지니고 있었다. 그러나 축구의 다른 많은 것들처럼 이러한 임무도 요한 크루이프(Johan Cruyff)와 더불어 변화되었다. 크루이프는 '6번'이 수비 단계에서만큼 공격 단계에서까지 핵심적 역할을 수행해야 함을 주장했다.

선수 시절 과르디올라는 미드필드 가장 아래쪽에서 '1인 중심축(single pivot)'으로 뛰는 것을 선호하는지 아니면 다른 미드필더와 더불어 '2인 축(double pivot)'으로 활약하는 것이 좋은지 질문을 받은 적이 있다. 당시 그는 절대적으로 '1인'을 선호한다고 답했다. 과르디올라는 동일한 라인에서 두 명의 수비형 미드필더가 뛴다면, 볼 소유 시 다른 미드필더가 자신이 활용할 수 있는 공간을 위축시킬 것이며 중요한 패스 경로들이 막힐 것이라 확신했다. 미드필드 가장 아래쪽에 한 명의 통제형 미드필더(controlling midfielder)를 두는 전술적 가치에 대한 믿음은 그의 선수 커리어를 거쳐 감독 시절에 이르기까지 지속되었다.

과르디올라가 바르셀로나 B팀을 지도하며 감독으로 첫 발을 내딛었을 적에 세르지오 부스케츠(Sergio Busquets)라는 재능 있는 젊은 '6번'을 보유했던 것은 그의 행운이었다고 주장할 수 있다. 그러나 어쩌면 이러한 주장은 오로지 결과만을 가지고서 이야기하는 것이다. 부스케츠가 그의 커리어를 통해 월드클래스 미드필더로 올라섰음은 의문의 여지가 없지만, 동시에 과르디올라가 지도자로서 부스케츠의 발전에 끼친 영향은 결코 간과될 수 없다.

바르셀로나 B팀과 바르셀로나에서 과르디올라는 자신의 뜻대로 활약해주는 자연스러운 '6번'을 보유했지만, 바이에른 뮌헨 지휘봉을 잡았던 초기에는 '6번'의 총체적 역할에 최선으로 부합하는 선수를 찾아내는데 어려움을 겪었던 과르디올라다. 처음에는 같은 스페인 출신의 하비 마르티네스(Javi Martinez)를 테스트했으나, 곧 과르디올라는 마르티네스의 최적의 역할을 센터백으로 규정했다. 결국 과르디올라는 사비 알론소(Xabi Alonso)와 람 같은 선수들이 돌아가며 '6번' 역할을 하는 일종의 콤비네이션 방안으로 해결을 봤다.

부스케츠, 알론소, 람은 모두 그들 세대 최고의 선수들이다. 예리한 전술적 통찰을 지닌 과르디올라가 이 정도 능력자들로 하여금 그의 전술적 시스템 안에서 '6번' 역할을 맡도록 한다는 사실이야말로, 그가 '6번' 자리를 얼마나 중요하게 생각하는지를 말해준다. 실질적으로 이 6번 선수는 과르디올라 게임 모델의 화신과도 같다. 과르디올라의 팀에서 '6번'은 볼 소유 시템포를 조절하고 공격 패턴을 설정하는 인물이다. 더 높은 위치에서 활약하는 창조적 선수들이 그들의 결정적 공헌들로 인해 어쩌면 더 많은 주목을 받을지 모르지만, 과르디올라 휘하에서 6번의 역할은 결코 간과될 수 없다.

맨체스터 시티가 4-3-3 포메이션을 사용할 때, 브라질 대표 페르난지뉴가 6번 위치에 확고하게 자리 잡고 있음은 거의 이론의 여지가 없다. 샤흐타르 도네츠크에서 인상적인 활약을 했던 페르난지뉴는 맨체스터 시티에 없어서는 안 되는 선수가 되었다. 이는 2018/19시즌 그가 부상과 징계로 한동안 경기에 나올 수 없는 상황이 되었을 때 특히 확연해졌다. 물론 이것이 맨체스터 시티가 이 공백을 커버할 수 없을 정도로 스쿼드가 빈약하다는 말은 아니다. 예를 들어 일카이 권도안(Ilkay Gundogan)처럼 클럽과 국가대표 레벨 모두에서 광범위한 경험을 지닌 선수도 있다. 그러나 권도안이 그 자리에서 뛰었을 때, 페르난지뉴와 비교해 눈에 띄게 효율성이 감소한다.

이러한 현상의 이유를 이해하기 위해서는, 우선 과르디올라의 전술 시스템 안에서 '6번'에게 기대되는 것이 정확히 무엇인지를 확인하는 것이 필요하다. 철저한 검토를 위해, 과르디올라 축구의 액션을 '수비 단계(defensive phase)'와 '공격 단계(attacking phase)'로 분리해 알아보도록 하겠다. 수비단계는 경기에서 상대가 볼을 소유하고 있는 시기를 말한다. 앞에서도 언급했듯이 과르디올라 휘하의 '6번'은 순전히 수비적 기능만을 수행하는 선수는 아니지만, 그래도 수비는 여전히 6번의 필수적인 부분이다. 미드필드 가장 아래쪽에서 이 역할을 담당하는 선수는 종종 수비 라인과 높은 지역 네명(다른 중앙미드필더들과 측면공격수들)이 만들어내는 라인 사이의 공간을 메울 의무가 있다. 상대 공격 자원들의 움직임으로 만들어지는 공간을 틀어막기 위해 한 명의 컨트롤형 미드필더는 페널티 에어리어 만큼의 폭을 좌우로 이동하며 수비해야 한다.

또한 '6번'은 맨체스터 시티가 공격에서 수비로 전환(transition)하는 순간, 상대의 빠른 역습(counter-attacks)이 개시되는 것을 막을 때에도 핵심적인 선수다. 특히 2018/19시즌 페르난지뉴는 '흑마법'의 대가로 악명이 높았다. 우리는 종종 페르난지뉴가 상대의 빠른 볼 전개를 막기 위해 경미한 파울(small fouls)을 범함으로써 상대의 전환을 차단하는 것을 보아왔다. 때때로 '의도적 파울(professional fouls)'이라 불리는 이러한 경미한 반칙들은 맨체스터 시티 전략 세트의 일부다. 하지만 페르난지뉴가 선발 라인업에 존재하지 않을 경우, 그만큼의 효율성을 결코 찾아볼 수 없게 된다.

공격 단계에서 6번은 공격 구조의 기반을 제공할 책임이 있다. 풀백들이 역방향이 아닌 전통적 측면 위치를 고수하거나 공격에 가담하기 위해 전진할 때, 6번은 이 기반을 책임지는 유일한 선수가 된다. 이때 6번 선수는 더 높은 위치에 있는 동료들을 지원하기 위해 지속적으로 적절한 위치선정을 해야 한다. 이러한 위치선정을 통해 그는 파이널 써드(공격지역 1/3)에서 형성되는 공격 구조에 참여할 수 있는 적절한 순간을 선택할 수 있다. 6번의 공격 가담은 낮은 지역에 내려서서 수동적 수비 블록을 쌓는 팀들을 상대할 적에 가장 빈번하게 등장한다. 6번 선수가 후방으로부터 후속 움직임을 통해 공격에 가담하면 중앙 지역의 과밀화(an overload)가 창조될 수 있고, 이것이 맨체스터 시티로 하여금 완강한 상대 수비 블록을 깨뜨릴 기회를 제공할 것이다.

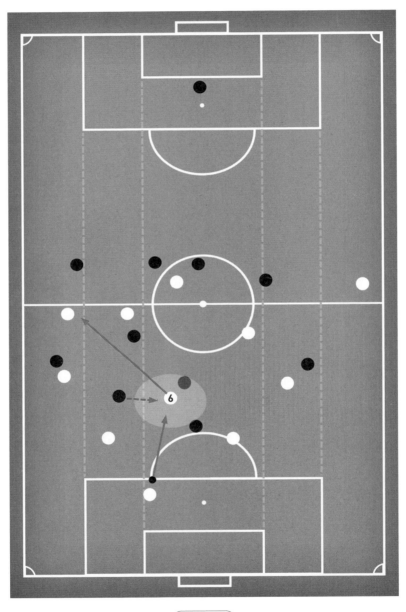

그림 15

볼을 수비지역에서부터 전진시킬 때 '6번'의 중요성은 이미 앞에서 언급했다. 그는 아래쪽으로 내려오며 볼이 깔끔하게 전개될 수 있도록 수적 우위를 제공할 것이다. 그러나 6번이 이러한 기능을 수행하기 위해서는, 상대의 극심한 압박을 받는 상황에서 압박에 대한 저항력이 있는 선수여야 한다. '압박 저항력(press resistance)'은 간단히 말해 상대 선수들이 압박을 가할 때 좁은 공간에서 볼 소유권을 유지하며 처리할 수 있는 능력을 가리킨다.

압박 저항력은 맨체스터 시티 팀 전체의 주요 특성인데, 볼을 높은 지역으로 이동시키려 할 때 좁은 공간에서 볼을 받아 플레이하고자하는 의지와 능력은 믿을 수 없으리만치 중요한 요소다. 그림 15에서 보듯, 페르난지뉴가 볼을 지니고 있을 때 매우 근접한 곳에 상대 선수 세 명이 존재하며 그들은 볼에 대한 압박을 시도한다. 하지만 페르난지뉴는 그 압박을 견딜 만한 수준의 능력과 평정심을 지니고 있고, 볼을 앞쪽 측면 공간으로 연결시킬 패스 길을 찾아내고 활용한다.

틀림없이 과르디올라 휘하에서 '6번'은 중심축(pivot) 역할이다. 이 중심축을 통해 플레이가 집중된다. 따라서 이 역할을 맡는 선수는 볼을 받고 소유하는 기술적 역량, 앞쪽의 패스 옵션들을 찾아내는 시야(vision), 그리고 패스를 실행할 수 있는 기술을 갖춰야만 한다. 그림 15를 다시 한 번 보자. 페르난지뉴는 좀 더 안전해 보이는 오른쪽 사이드로 볼을 건네거나 무리한 전진 드리블을 시도하지 않고, 전방 왼쪽 측면에 위치한 자네에게 패스를 보낸다. 이렇게 약간 더 위험해 보이는 패스 시도를 한다는 것은 그만큼 과르디올라와 코칭스태프는 선수들의 선택을 신뢰하고 있음을 의미한다.

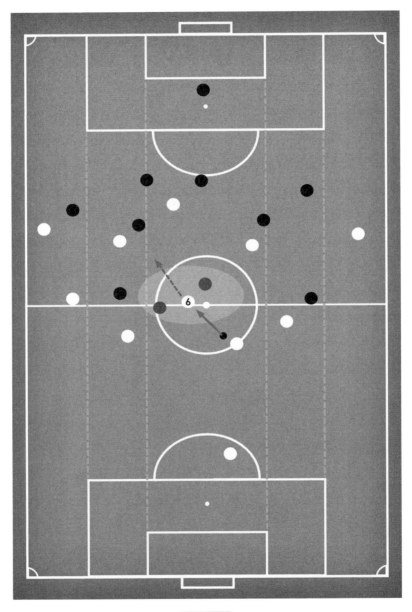

그림 16

앞서 논의했듯이 선수가 볼을 가지고 상대 라인을 깨뜨리는 방법은 한 가지가 아니다. 가장 일반적인 방법은 상대 라인 뒷공간을 점유하고 있는 동료들을 향해 상대 선수들 사이로 패스를 공급하는 것이다. 하지만 또 다른 메커니즘으로는, 볼을 소유한 선수가 드리블로 상대 압박 라인을 통과하는 방법이 있다.

페르난지뉴 또한 볼 지닌 상황에서 사이드로부터 압박이 들어올 때, 드리블을 활용해 압박 라인을 벗어나는 플레이를 한다. 페르난지뉴는 첫 번째 볼 터치를 자신의 골문 쪽으로 할 것이라 상대를 믿도록 속이는 기술에 능숙하다. 자신의 골대를 향해 볼을 터치하는 동작은 대부분 상대 팀들의 압박을 자연스럽게 촉발시키는데, 상대 선수들이 이러한 터치를 압박으로 나가기 위한 무언의 시그널로 간주하기 때문이다.

그림 16에서 보듯 페르난지뉴는 센터백으로부터 패스를 받을 때, 자기 골문을 향해 볼을 터치하려는 동작을 취하지만 실제로는 볼이 자신을 지나가도록 놔둔다. 그 찰나의 순간, 그는 압박하려드는 상대 선수들을 지나쳐 뒤쪽 공간으로 볼을 몰고 나아간다.

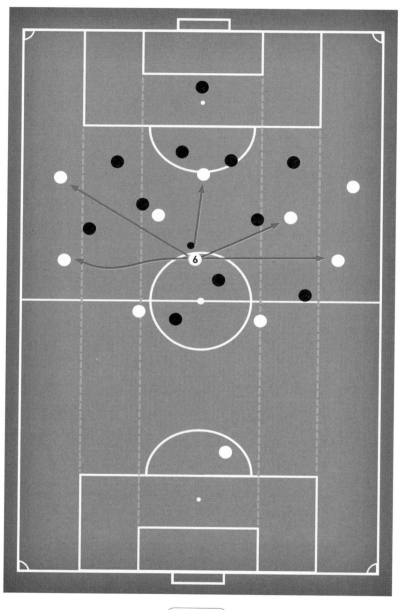

그림 17

그림 17에서 우리는 4-3-3 포메이션에서 '6번'이 지니는 중요성을 볼 수 있는데, 6번 선수가 전체 전술 구조 상에서 맨체스터 시티 동료들을 연결시켜 주는 중심 공급원 역할을 하고 있는 까닭이다.

공격 단계에서 6번 선수는 통상 경기장 중앙 레인에 위치한다. 그곳에서 그는 수비 지역으로부터 볼을 받거나 혹은 보다 높은 지역으로부터 백패스를 받아 공간을 점유하고 있는 동료들에게 패스한다. 수비 라인으로부터 볼을 전진시키는 방법론에서 이미 살펴보았듯이, 맨체스터 시티의 우선순위는 볼을 공격의 다음 단계로 전진시킬 수 있도록 깔끔한 패스 경로를 찾아내는 것이다. 보다 높은 지역에서도 볼을 전진시키는 데에 있어 동일한 컨셉과 우선순위가 적용된다. 실로, 맨체스터 시티는 높은 지역에서도 장시간 패스를 연결하며 볼을 오랫동안 소유하는 것을 자주 볼 수 있다. 여기서 6번이 맨체스터 시티 전체를 위한 중심 공급원으로 활약한다.

페르난지뉴가 '6번' 위치를 차지할 적에, 그의 볼 갖고 플레이하는 능력이 종종 과소평가되곤 했다. 실제로 페르난지뉴는 볼 소유권 유지를 위해 보다 안전한 패스를 해야 하는 타이밍과 파이널 써드로 볼을 전진시켜야 하는 타이밍을 잘 이해하고 있는 지능적이고도 능력 있는 패서다. 때때로 맨체스터 시티가 명백한 목표 없이 단순히 패스를 위한 패스를 하는 것처럼 패스를 계속 돌리는 상황이 있다. 하지만 사실 그들은 상대의 수비 구조를 살피면서, 볼을 전진시켜 상대 수비를 열어젖힐 수 있는 찬스를 찾는 것이다. 이러한 작업에 있어 6번은 자신 앞에 놓인 맨체스터 시티의 공격 구조와 상대의 수비 블록을 모두 시야에 두고 있는 핵심 선수다. 따라서 그는 볼 소유 시 어떤 플레이로 가는 것이 최선인지를 결정하기 전에, 상대 수비 선수들의 위치를 명확하게 파악하고 판단할 수 있다.

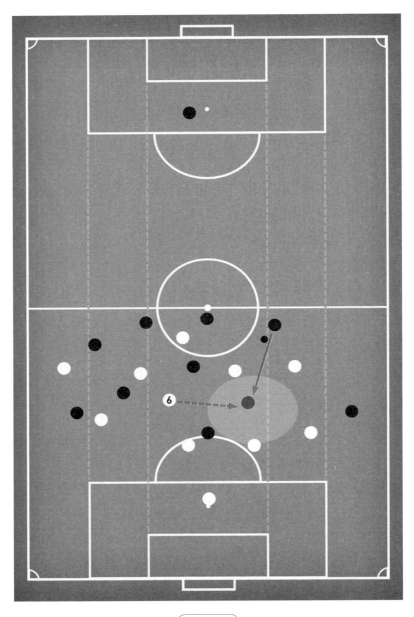

그림 18

우리는 과르디올라 휘하의 '6번'이 공격 단계에서 중요한 역할을 하는 것을 보았다. 이제 이 선수가 지니는 수비적 의무들에 관해 논의해보자. 이 챕터를 시작할 때 우리는 상대 공격 시 수비지역 1/3에서 상대의 공간을 틀어막는데 있어 6번의 중요성을 상세히 언급한 바 있다. 이와 관련된 장면은 그림 18에서 확인할 수 있다.

상대가 공격하는 상황에서 맨체스터 시티는 4-1-4-1 포메이션 구조를 취한다. 이 대목에서, 포메이션 자체는 과르디올라의 게임 모델에 관해 많은 것을 알려주지 못한다는 것을 명심해야 한다. 경기를 시작하는 전체적인 포메이션은 4-3-3이지만, 이후에는 볼과 상대의 위치에 따라 선수들의 위치가 변할 것이다.

상대 팀이 공격을 진행하면서 맨체스터 시티 오른쪽 안쪽 지역으로 볼을 갖고 들어오고 있다. 볼을 전진시키기 위해 맨체스터 시티 수비 라인과 미드필드 라인 사이의 공간으로 상대 선수가 들어왔다. 여기서 이 위협을 인지하고 오른쪽으로 이동해 공간을 좁혀야 하는 것이 바로 6번에게 주어지는 임무다. 이는 이 공간을 미드필더가 내려오거나 수비수가 올라오면서 직접적으로 수비할 필요는 없다는 의미다. 대신 6번 선수가 공간을 좁혀줌으로써, 맨체스터 시티는 그들의 수비 형태를 유지할 수 있고 상대가 활용할 수 있는 라인과 라인 사이의 공간은 줄어들게 된다.

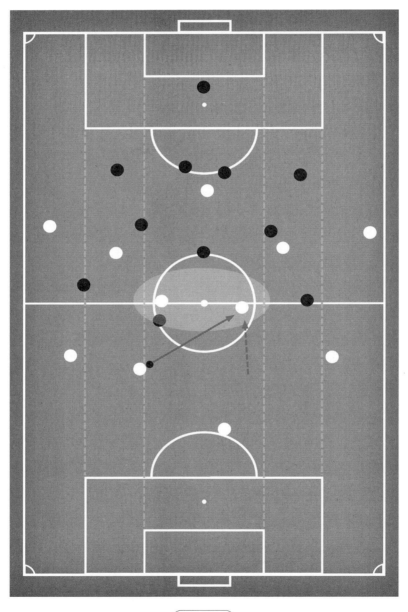

그림 19

특히 2018/19시즌에 맨체스터 시티가 '2인 축(double pivot)'을 가지고 효율적으로 플레이하는 시기가 있었음은 주목할 만하다. 물론 이 경우에도 전통적 개념의 '2인 수비형 미드필더' 시스템은 아니었지만 말이다. 이것은 페르난지뉴가 오른쪽 센터백으로 기용되고 권도안이 '6번'을 맡던 경기들에서 맨체스터 시티가 볼 소유 시 약간의 포지션 스위치를 가동함으로써 시행되었다.

맨체스터 시티가 볼을 소유할 때, 권도안이 중앙 미드필드 왼쪽 지역으로 이동함을 볼 수 있다. 이는 오른쪽 센터백으로 있던 페르난지뉴가 수비 라인으로부터 올라와 중앙 미드필드 오른쪽에 설 수 있는 공간을 열어준다. 이러한 모습을 보여주는 것이 그림 19다.

페르난지뉴의 이러한 움직임은 수비 라인으로부터 깔끔하게 볼을 전개시킬 수 있도록 추가적 패스 경로(additional passing lanes)를 창조해내기 위한 계획이다. 다만 이것은 매우 공격적으로 압박하지 않는 팀들을 상대할 경우에만 사용된다. 그러한 경우, 맨체스터 시티는 페르난지뉴가 미드필드로 올라가 권도안을 서포트하고 최후방 수비 라인에는 단 한 명의 센터백만 남게 된다. 이렇게 되면 수비수 부족 현상이 즉각적으로 발생하지만, 이것을 다소간 완화하는 것이 바로 에데르송 키퍼의 능력이다. 에데르송은 페널티 에어리어 바깥 높은 위치까지 올라가 상대의 빠른 역습 위협에 대처한다.

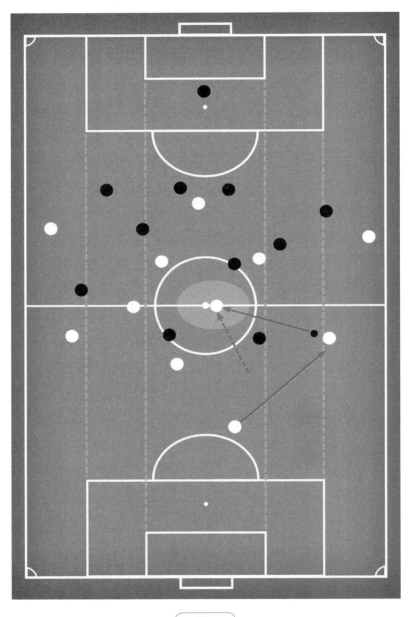

그림 20

그림 20에서 우리는 미드필드 후방의 권도안을 지원하는 페르난지뉴의 움직임이 맨체스터 시티 중원지역 지배에 크게 유용함을 볼 수 있다.

볼이 라이트백 워커에게 있을 때 페르난지뉴가 상대 수비 라인 너머로 전진한다. 이 움직임으로 인해 풀백의 사선 패스가 페르난지뉴를 향해 제공될 수 있는 패스 길이 창조된다. 이 패스가 볼과 거리를 두는 권도안의 움직임과 결합되면서, 맨체스터 시티가 중원의 과밀화를 만들어낼 수 있는 기회가 발생한다. 이러한 방식의 과밀화를 통해, 맨체스터 시티는 중앙에서 상대 수비 블록을 뚫고 들어갈 수 있거나 혹은 상대 수비로 하여금 자기 위치를 벗어나 볼에 관여해야만 하는 상황을 강요할 수 있다. 이미 논의했듯이, 상대 수비가 수비 블록에서의 자신의 위치를 이탈해 볼에 관여하게 되면, 수비 블록 다른 곳에서 공간이 발생하기 마련이고 맨체스터 시티가 이를 활용할 수 있게 된다.

이러한 움직임으로써 '2인 축' 활용 또한 발전시키고자 했던 과르디올라의 의지는 과르디올라의 전술적 접근에 유연성이 부족하다고 주장하는 사람들에 대한 반론을 제기한다. 과르디올라는 세계 축구계의 다른 팀들이 거의 하지 못한 방식으로, 자신의 팀으로 하여금 볼 소유권을 완전히 지배하도록 하는 전술적 유연성과 상상력(tactical flexibility and imagination)을 보여주곤 했다. 이 총체적 구조 상에서 '6번'의 중요성은 지대하다. 맨체스터 시티는 페르난지뉴의 부상으로 인한 위협을 완화시키기 위해, 곧 그의 대역을 담당할 선수를 영입할 것이 예상된다.

Chapter 4
과밀화와 고립

과르디올라가 맨체스터 시티를 맡은 후, 이 팀은 근년의 축구 역사에서 가장 뛰어난 공격력을 지닌 팀들 가운데 하나로 명성을 누렸다. 2017/18시즌 맨체스터 시티는 프리미어리그에서 승점 100점을 달성했을 뿐 아니라 106골을 터뜨렸다. 2018/19시즌에는 승점 98점에 95득점이었다.

그 두 시즌에 걸쳐 맨체스터 시티가 최고점일 때 그들은 막을 수 없는 팀이었다. 그들이 볼을 소유할 때면, 어디서든 득점할 수 있는 공격력이 있었다.

과르디올라는 수비 단계에서 그의 팀이 아주 구체적인 액션을 취할 것을 요구하는 지도자로 유명하다. 맨체스터 시티가 압박하고 수비하는 방식은 코칭스태프에 의해 정립되고 훈련되는 것이다. 반면, 공격지역 1/3에서 맨체스터 시티 선수들은 자신을 표현할 수 있는 더 많은 자유를 부여받는다. 그런데, 주목할 만한 한 가지 예외가 있다. 볼의 위치와 상관없이, 적어도 한 명의 선수는 볼이 있는 곳과 반대편의 측면 위치를 점유해야 한다는 점이다. 바로 이것이 맨체스터 시티가 사용하는 공격 컨셉에 있어 가장 중요한 일부다. 이를 요약한 단어들이 '과밀화(overloading)'와 '고립(isolation)'이다.

'과밀화' 컨셉은 비교적 단순하다. 맨체스터 시티가 볼을 소유할 때 필드의 특정 지역에서 상대보다 수적으로 유리한 상황을 창조하고자 하기 때문이다. 포지션 플레이(positional play)의 견지에서 맨체스터 시티가 상대보다 수적 우위를 만들고자 하기에 이는 우리의 도입부에서 설정한 기준들 중 하나를 충족시킨다.

이것을 하기 위해 과르디올라가 선호하는 주된 방식은 비교적 간단한데, 패스 연결망(passing networks)을 만들어내고 상대의 압박 라인을 벗어나기 위해 좁은 공간에서 볼을 빠르게, 자주 이동시키는 것이다. 맨체스터 시티의 한 가지 규칙적 패턴은 왼쪽 하프스페이스로 들어오는 다비드 실바 같은 왼쪽 중앙미드필더가 레프트 윙어, 레프트백과 삼각 대형을 형성함으로써 필드 왼쪽 측면에서 만들어지는 '과밀화'다. 그러면 이 세 명의 선수들은 수비형 미드필더와 왼쪽 센터백의 지원까지 받으면서 강력한 공격 구조를 형성하게 된다. 이 구조를 통해 맨체스터 시티는 상대 라인을 통과하고 공격 찬스를 창조할 수 있도록 빠르고 안전하게 볼을 돌릴 수 있다. 하지만 만약 매우 활발한 상대 수비로 인해 '과밀화'로 상대 라인을 통과할 수 없다면, 맨체스터 시티는 두 번째 컨셉으로 접근하게 된다. 바로 '고립'이다.

과르디올라가 지도하는 팀들에 따라다니는 공통적 비판 요소는 선수들이 오로지 '패스를 위한 패스'를 위해 볼을 돌리는 것처럼 보인다는 점이다. 우리는 두 명의 선수가 짧고 빠른 일련의 패스를 주고받는 것을 종종 보게 되는데, 여기엔 볼을 조금씩 이동시키는 것 이상의 별다른 목적이 없어 보이기도 한다. 그러나 사실 이러한 패스들의 의도는 볼 쪽으로 상대 선수들을 끌어들이고자 함이다. 각각의 패스는 상대 선수들을 조금씩 볼 쪽으로 끌어당기는 것이고, 더 나아가 필드의 볼 있는 지역(ball side of the field)

으로 공간을 제한해 버린다.

이 컨셉 이면에 놓여있는 아이디어는 볼 반대편 지역(ball far-side of the field)에서 기회를 만들고자 하는 것이다. 이 지역에서 아군은 상대 선수와 1대1 상황에 있는 고립된 공격자를 만들 수 있다. 상대가 과밀화를 우려해 볼 쪽으로 끌어당겨지면 맨체스터 시티는 상대 진영을 가로질러 반대편으로 대각선 패스를 할 수 있고, 이것으로써 상대 수비수와 1대1로 맞서는 고립된 상황을 만들어낸다. 이 경우 상대가 스털링, 자네, 베르나르두 실바, 리야드 마레즈(Riyad Mahrez) 같은 선수들을 막아내기란 지극히 어려워진다. 이것이 바로 과르디올라가 공격 단계에서 적어도 한 명의 선수를 볼 반대편 지역 터치라인 부근에 위치하도록 지시하는 이유다. 이러한 지침이 없다면, 필드의 과밀화 영역(overloading section)으로부터 고립이 일어난 측면(isolated side)으로 플레이를 전환(switch)시킬 때 그 효율성은 훨씬 떨어지게 될 것이다.

이 컨셉은 바르셀로나 시절에도 어느 정도 사용됐는데, 과르디올라는 상대의 수비 구조가 촘촘해지지 못하도록 티에리 앙리(Thierry Henry) 같은 선수를 왼쪽 측면에 고정시켰다. 이후 바이에른 뮌헨 시절에는 이것을 완벽하게 구현해냈다. '과밀화'와 '고립' 컨셉은 '역방향 풀백' 아이디어와 더불어 바이에른이 사용하는 공격적 게임 모델의 핵심 파트를 형성했다. 아르연 로번(Arjen Roben), 프랑크 리베리(Frankck Ribery) 같은 날개를 지닌 바이에른이 측면 지역에서의 공격을 선호하는 공격 컨셉을 활용하는 것은 어쩌면 놀라운 일이 아니다.

사실상 '과밀화'와 '고립'이라는 컨셉을 각각 따로 활용하는 것은 두 가지 컨셉을 조합시키는 것에 비해 효율성이 훨씬 떨어진다. 맨체스터 시티를 상대로 수비하는 것이 매우 힘든 이유는 그들이 공격의 돌파구를 찾기 위해 두 가지 중 어느 컨셉을 활용할지 알 수 없는 까닭이다. 맨체스터 시티는 일련의 빠른 패스들을 활용한 콤비네이션으로 과밀화를 만들며 플레이할 수도 있고, 혹은 상대 팀을 끌어당긴 후 필드 반대편에 존재하는 고립된 선수에게 볼을 전달해 플레이할 수도 있다.

　이 두 가지 다른 컨셉들은 과르디올라 휘하에서 훈련한 방식 덕택에 성공을 거두게 되었다. 과밀화 상황을 효율적으로 작동시키기 위해서는 공간을 효율적으로 점유해야만 한다. 맨체스터 시티가 필드 한 영역의 과밀화를 꾀할 때 그들은 각각 다른 라인에 선수를 엇갈리게 위치시킨다. 이는 공격하는 선수들을 서로 연결시키는 일련의 삼각 대형을 효율적으로 만들어내고, 따라서 볼을 소유한 선수는 패스할 수 있는 하나 이상의 옵션을 언제나 지니게 된다. 결과적으로 상대 팀은 수비하기가 힘겨워 지는데, 볼이 페널티 에어리어를 향해 진행되는 동안 패스 옵션이 지속적으로 생성되는 것처럼 보이기 때문이다. 상대가 맨체스터 시티의 과밀화를 통한 플레이 공간을 막아냈다고 생각하는 순간에는 갑자기 볼이 필드 반대편으로 전환될 것이다. 그러면 맨체스터 시티 공격의 속도와 각도는 즉시 바뀌게 된다.

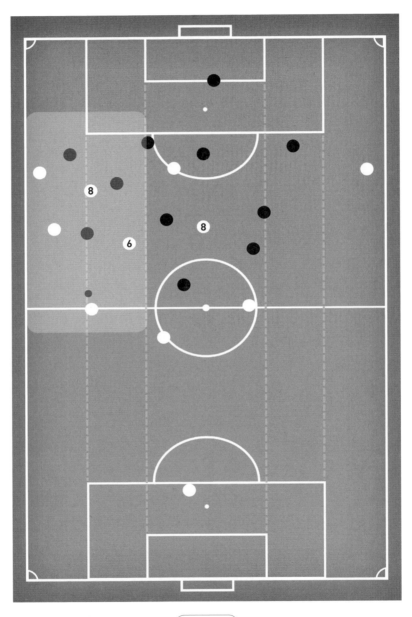

그림 21

상대 수비를 편안하게 통과하고자 과밀화를 창조하는 것 이면에 놓여있는 아이디어는 꽤나 단순하다. 그 아이디어는 맨체스터 시티가 수비로부터 볼을 전진시키는 방식을 살펴봤던 이전 챕터에서 이미 설명되었다. 맨체스터 시티는 볼 전진을 수월하게 하기 위해, 5등분된 경기장 측면의 한두 개 수직적 영역에서 조금씩 다른 라인들에 위치한 선수들로 수적 우위를 만들고자 한다.

그림 21에서 보는 바와 같이 맨체스터 시티는 왼쪽 측면에서 '5대3' 상황을 만들었다. 왼쪽 센터백 라포르트가 볼을 지니고 있을 때, '6번' 페르난지뉴와 보다 전진해있는 '8번' 다비드 실바가 왼쪽 측면으로 이동하면서 패스 옵션을 만들고 있다. 페르난지뉴와 다비드 실바는 레프트백 진첸코, 레프트 윙 자네와 합류한다.

여기서 전방공격수와 다른 한명의 '8번' 또한 약간 왼쪽으로 끌려옴을 주목할 가치가 있다. 이 두 선수는 5등분 중앙지역에 위치하면서 중앙 쪽으로 볼이 연결될 수 있는 옵션을 제공한다. 그래야 중앙에서의 공격 기회가 살아있게 된다. 이 구조는 밸런스를 제공하기 위해 후방에 머무르는 라이트백 워커, 그리고 오른쪽 측면에 넓게 펼쳐있는 베르나르두 실바에 의해 완성된다.

이제 상대 팀에겐 문제가 발생한다. 만약 상대가 왼쪽 측면의 수적 열세를 허용하면서 원래의 콤팩트한 구조를 그대로 유지하려 하면, 상대는 맨체스터 시티가 왼쪽 측면에서 패스들을 통해 전진할 수 있는 위험성을 떠안게 된다. 반대로 상대가 압박으로 나오면, 맨체스터 시티는 중앙으로 볼을 이동시키거나 혹은 오른쪽 측면으로 공격 방향을 전환할 것이다. 이 경우 통상 상대는 두 가지 선택지 사이에서 난관에 봉착하며 결국에는 강한 수비 조직을 구축하지 못하고 과밀화 영역으로 끌려오곤 한다. 이것이 맨체스터 시티로 하여금 어떻게 상대를 공략하여 골문으로 향할 것인지를 근본적으로 선택할 수 있도록 한다.

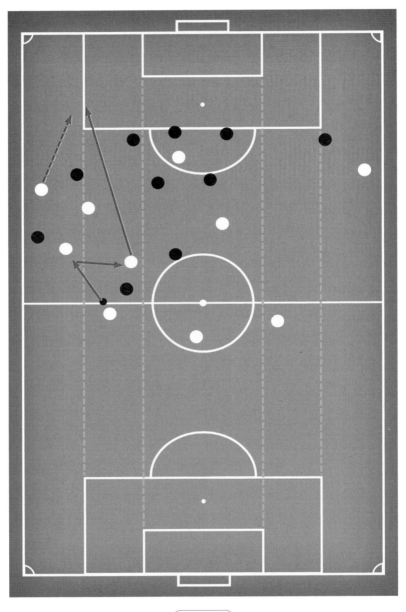

그림 22

과르디올라는 팀을 훈련시킬 때 세밀한 부분들에까지 엄청나게 주의를 기울이는 것으로 유명하다. 이러한 세밀함에는 볼을 소유할 때와 그렇지 않을 때를 망라한 선수들의 위치 선정에 관한 것들이 포함된다. 그는 선수들에게 절대적으로 완벽한 위치선정을 요구하는 것으로 잘 알려져 있는데, 과르디올라의 선수들은 볼의 위치 및 나머지 선수들의 위치 선정에 따라 정교하게 움직여야만 한다.

훈련장에서 이 모든 작업들은 맨체스터 시티가 '마치 칼로 버터를 자르는 것'처럼 상대의 수비 구조를 와해시킬 수 있도록 설계된다. 그림 22를 보면 아군이 볼을 소유하고 있을 때 볼이 센터백 라포르트로부터 레프트백 진첸코에게, 그리고 바로 페르난지뉴에게 전달된다. 진첸코와 페르난지뉴의 위치선정으로 인해, 볼 중심 압박을 가하면서(pressing the ball) 페르난지뉴로 향하는 직접적 패스 길을 차단하는 상대 선수 뒤쪽으로 편안하게 볼이 이동한다.

그러면 페르난지뉴는 라이트백 배후로 침투해 페널티 에어리어로 달려가는 자네를 위하여 스루 패스를 투입할 시간적, 공간적 여유를 지니게 된다. 맨체스터 시티 선수들의 '최우선순위'가 상대 수비 라인 뒤쪽으로 볼을 전진시킬 수 있는 패스 경로들을 찾아내는 것임을 앞에서 이미 논의한 바 있다.

각각의 단계에서 볼을 앞으로 전진시킬 수 있는 원동력은 맨체스터 시티 선수들이 동료들과 각기 다른 라인에 엇갈린 위치를 잡는다는 사실이다. 이렇게 맨체스터 시티는 골을 노릴 수 있는 지역으로 마지막 패스가 이뤄질 때까지 단계별로 더욱 유리한 위치들을 점유하면서 나아간다.

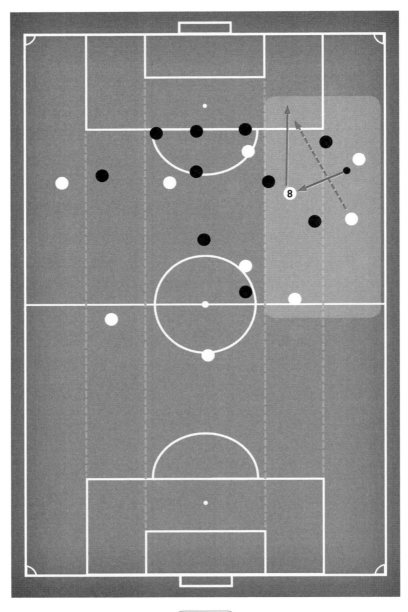

그림 23

공격 단계에서 과밀화 영역의 선수 한 명이 공격 구조를 형성하는 나머지 동료들과 떨어져 위치하는 경우들이 있다. 예를 들어 그림 23에서 오른쪽 센터백 스톤스는 파이널 써드로부터 볼을 뒤로 돌려야만 하는 경우 백패스를 받을 위치에 존재한다. 보다 높은 지역에서는 맨체스터 시티가 3대3 상황을 만들고 있는데, 이때 깊숙한 위치의 스톤스까지 고려하면 4대3이 된다.

여기서도 다시 한 번 우리는 앞쪽에 있는 세 선수가 조금씩 다른 라인에 위치함을 볼 수 있다. 볼이 '8번' 더 브라위너에게 전달될 때 이 다른 높낮이가 중요한 요소로 작용한다. 더 브라위너와 오른쪽 공격수 마레즈의 위치는 가장 가까운 곳에서 마크하는 상대 수비수들을 묶어두게 되는데, 이는 아군이 활용할 수 있는 수비 라인에서의 공간을 창출하는 역할을 하며 이 공간을 활용하는 선수는 워커다. 패스가 더 브라위너에게 연결되는 동시에 워커가 사선으로 달린다. 그러면 더 브라위너는 적절한 타이밍에 종패스를 투입, 수비 라인을 깨뜨릴 수 있다.

다시 한 번 우리는 공격 시 올바른 위치를 확보하는 것이 얼마나 중요한지 알 수 있다. 맨체스터 시티의 목표는 모든 단계에서 볼의 전진을 확보하는 것, 그리고 가능한 한 효율적으로 상대 수비를 통과할 수 있는 각도를 만들어내는 것이다.

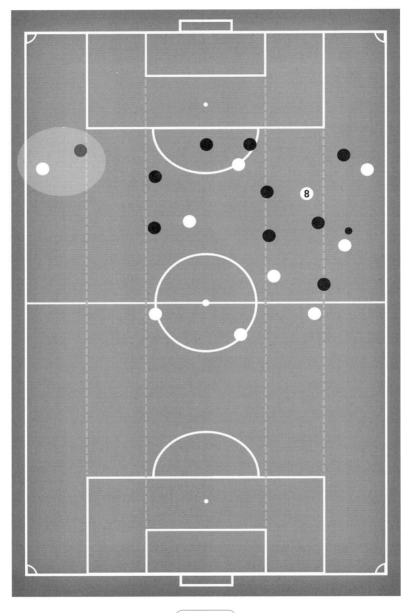

그림 24

맨체스터 시티가 공격 시 과밀화를 만든 영역에서 전진하는 게 불가능해지는 경우가 존재한다. 이는 상대가 수비 블록을 이동시켜 맨체스터 시티가 패스 경로들을 창조할 수 있는 기회 및 볼 근방 영역에서 이용할 수 있는 공간을 잘 틀어막은 결과다.

그림 24는 상대가 맨체스터 시티 오른쪽 진영으로 수비 블록을 이동시켜 수비하는 상황을 보여준다. 오른쪽 하프스페이스로 막 진입한 두 명의 상대 선수들은 맨체스터 시티가 볼을 오른쪽 측면의 스털링에게 전진시킨 후 '8번' 베르나르두 실바에게 전달할 수 있는 가능성을 틀어막는 위치로 이동해 있다. 이 옵션이 차단되었을 때, 맨체스터 시티는 일단 두 선수들이 짧은 패스를 주고받으며 상대 선수들을 볼 쪽으로 끌어당기려는 경향이 있다. 이것은 일종의 함정(trap)이다. 그리고나서 맨체스터 시티는 한 명의 상대 수비수와 더불어 고립된 측면공격수가 존재하는 반대편 사이드로 플레이를 전환시키는 것을 꾀할 수 있다.

이러한 이유로 맨체스터 시티는 언제나 측면공격수들을 넓게 벌려둔다. 볼과 가까운 지역 측면공격수는 '8번' 미드필더나 풀백이 공격을 할 수 있게끔 위치를 잡는다. 상대 풀백이 그를 커버하기 위해 넓게 벌리면 8번이나 풀백이 하프스페이스를 장악할 수 있다. 반대편 지역의 측면공격수 역시 넓게 벌려 위치하는데, 이는 상대 수비로 하여금 적어도 한 명의 선수가 그를 커버하도록 강요한다. 그러면 맨체스터 시티는 상대 선수들을 볼 가까운 영역으로 끌어당겨 놓은 후, 반대편으로 볼을 연결시켜 이 전술을 완성할 수 있다.

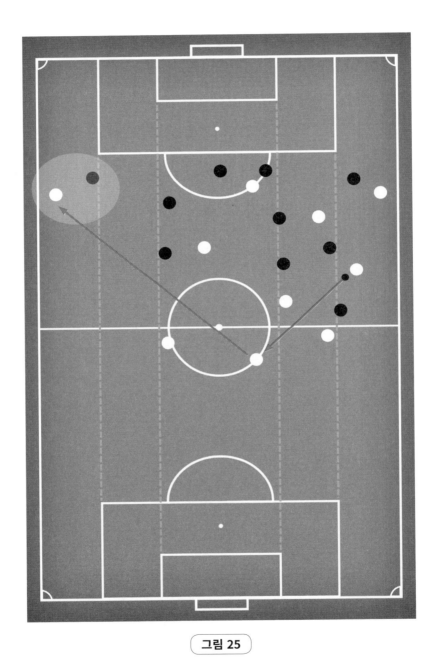

그림 25

전환 플레이(switch play)를 할 때조차도, 맨체스터 시티는 여전히 위치 선정을 통해 그들의 볼 소유를 확실히 할 수 있도록 한다. 한 방의 다이렉트 패스를 통해 반대편으로 전환시키는 경우들이 있는데, 이것은 예를 들어 더 브라위너 같이 탁월한 패스 능력을 지닌 선수가 볼을 잡았을 적에 가능해진다. 그러나 다른 동료 선수를 거쳐 반대편 전환이 이루어지는 것이 보다 보편적이다.

그림 25에서 맨체스터 시티의 목적은 왼쪽 측면에서 수비수 한 명과 고립되어 있는 자네 쪽으로 전환 플레이를 하는 것이다. 오른쪽 측면에서 라이트백 워커가 볼을 최후방 라인에 있는 라포르트를 향해 뒤로 넘겨준다. 그러면 볼을 넘겨받은 라포르트는 왼쪽 측면의 자네에게 연결시킬 수 있는 깔끔한 패스 길을 지니게 된다.

이러한 방식의 백패스를 통해 맨체스터 시티는 보다 안전한 전환 플레이를 확실하게 시행한다. 이때 상대 팀이 고립된 측면공격수가 1대1 상황에서 볼을 소유하지 못하도록 하기위해 반대편으로 이동할 수 있는 위험성도 약간은 존재한다. 하지만, 이러한 백패스가 전환 플레이의 일부라는 것 자체가 '속임수'일 수 있다. 만약 상대가 반대편을 커버하기 위해 열심히 이동할 경우 해결책은 간단한데, 맨체스터 시티는 과밀화를 만들어낸 영역으로 다시 플레이를 전개시켜 상대 수비를 돌파하려들 것이다.

맨체스터 시티에 관한 많은 것들이 그러하듯이, 이 팀의 전술적 의도를 안다고 해서 그것이 실제로 그들을 막아낼 수 있음을 의미하지는 않는다.

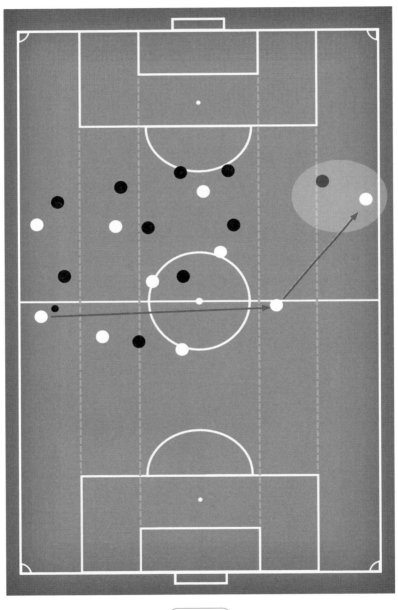

그림 26

유사한 상황을 그림 26에서도 볼 수 있다. 이번에는 왼쪽 측면에 볼이 존재하면서 과밀화가 일어나고 있다. 목표는 이전과 동일하다. 상대 팀이 과밀화 영역을 방어하려 몰려드는 상황에서, 맨체스터 시티는 반대편에서 한 명의 수비수와 대치하며 고립돼있는 스털링을 향해 공격을 전환시키고자 한다.

여기서도 마찬가지로 2번의 패스 연결을 통해 볼이 전환된다. 첫 번째 패스가 '레프트백' 라포르트로부터 라이트백 워커에게 연결된다. 그러면 볼은 안전하고 확실하게 오른쪽 윙 자리의 스털링에게 넘어갈 수 있다.

과르디올라 휘하의 맨체스터 시티는 공격력의 팀으로 인식되어왔고, 그들이 과밀화를 만들어내는 방식은 맨체스터 시티의 성공을 일궈낸 핵심 요소들 가운데 하나다. 맨체스터 시티를 막아내고자 하는 팀들은 한 지역에서의 '과밀화'와 반대편 측면에서의 '고립된 1대1'을 동시에 방어할 수 없다. 두 가지 컨셉 모두를 상황에 맞게 공격 시 활용할 수 있도록 균형적인 시스템을 발전시켜왔다는 사실이 감독 과르디올라가 지닌 천재성의 일부분이다.

Chapter 5
압박

지난 십여 년 동안 축구계에서 '압박(pressing)'이라는 컨셉은 극도로 유행을 탔다. 그 이전까지만 해도 수비 행위란 상대적으로 수동적인 것으로서 인식되었다. 밀집된 구조를 형성하고 상대가 파이널 써드로 들어오기를 기다리는 팀들을 떠올리면 알기 쉽다. 물론 그 전에도 압박을 수행하는 팀들이나 개개인 선수들이 있었지만, 지원 체계가 부족한 상황에서 개별적 압박이 이뤄지곤 했다. 하지만 축구에서의 많은 부분들이 그랬던 것처럼, 과르디올라가 2008년부터 2012년까지 바르셀로나 지휘봉을 잡으면서 변화가 일어났다.

바르셀로나는 볼을 소유할 적에 강력했을 뿐 아니라 볼이 없을 적에도 탁월했다. 그들은 상대를 압박하고 괴롭혀서 상대 진영에서의 실책을 유발한 후, 볼 소유권을 빼앗아 득점 기회로 만들었다. 바르셀로나가 떼를 지어 압박을 가할 때는 실로 상대 팀보다 경기장에서 뛰는 선수가 더 많이 있는 것처럼 보이기도 했다.

감독 커리어 초창기에 과르디올라는 '5초 룰(five second rule)'로 널리 알려진 압박 체계를 선호했다. 이 규칙은 볼 소유권을 빼앗겼을 때 볼을 되찾기 위해 처음 5초 동안 맹렬한 압박을 시행한다는 것이다. 만약 이것에 실패할 경우 과르디올라의 팀은 상대가 침투하고 플레이할 공간을 막기 위해 뒤로 내려가 콤팩트한 수비 형태를 취한다.

이 압박 체계 이면의 아이디어는 단순하다. 과르디올라는 상대가 볼을 빼앗은 바로 그 순간이 상대의 소유 단계에서 가장 취약한 상황이라 믿었다. 볼을 빼앗은 선수는 볼을 빼앗기 위해 에너지를 소모할 것이고, 볼을 획득한 순간 자신의 정상 포지션에서 살짝 벗어나 있을 것이다. 이에 더하여, 상대 팀 선수들은 바르셀로나가 볼을 갖고 있는 동안 깊숙이 내려가 수비 위치를 잡고 있었을 것이기에 볼 획득한 동료를 도와줄 만한 구조를 형성할 수 없을 것이다. 이 두 가지 포인트를 염두에 두고서 과르디올라는 볼을 잃는 즉시 최소한 두 명이나 세 명의 선수들이 바로 압박을 하도록 요구했다.

과르디올라가 바이에른 뮌헨 지휘봉을 잡기 위해 독일로 넘어왔을 적에, 독일 축구는 '역압박(counter-pressing)'의 시대를 맞이하고 있었고 따라서 과르디올라는 그 거대한 전술적 트렌드에 맞서게 됐다. 위르겐 클롭(Jurgen Klopp)이 이끄는 높은 에너지 레벨의 보루시아 도르트문트(Borrussia Dortmund)가 '역압박'을 유명하게 만든 팀이었는데, '역압박'은 바르셀로나의 '5초 룰'을 다른 차원으로 인도했다. 실상 도르트문트는 볼을 잃어버렸을 때 정신없이 빠르고 강렬한 압박을 시행하는 팀이었다. 그들의 무자비한 압박 스타일은 단지 몇 초 동안의 압박보다 훨씬 더 나아갔는데, 볼 없는 상황에서 상대의 편안한 볼 소유를 방지하기 위해 팀 전체가 공격적으로 압박하는 것처럼 보이는 까닭이다.

이러한 압박 스타일을 경험하면서 과르디올라는 압박에 관해 그가 생각했던 방식을 변화시켰다. 바이에른 뮌헨은 머리부터 발끝까지 역압박의 팀은 결코 아니었지만, 자신들만의 역압박을 구사하기 위해 구조에 약간 변화를 줬다.

바이에른 뮌헨은 볼 소유권을 내줬을 때 가능한 패스 경로들을 차단하는 움직임으로써 상대로 하여금 열려있는 것처럼 보이는 지역으로 플레이를 이어가도록 강요했다. 볼이 한쪽의 열린 공간으로 이동할 때 바이에른 뮌헨의 역압박이 개시된다. 그들은 볼을 신속히 따내기 위해 상대를 조이고 압박한다.

압박 시스템의 견지에서 과르디올라의 맨체스터 시티는 앞서 언급한 두 가지 스타일을 합쳐놓은 어떤 것이라 할 수 있다. 그는 바르셀로나와 바이에른 뮌헨에서 가치 있는 교훈들을 얻었고, 바야흐로 그것들을 활용하고 구현할 수 있다.

그 결과로 맨체스터 시티는 볼을 갖고 있지 않을 때 보다 융통성 있고 대응적인(reactive) 압박 스타일을 채택하고 있지만, 그럼에도 절대 타협할 수 없는 부분들도 존재한다. 상대 골키퍼나 센터백들이 볼을 갖고 있을 때 보통은 중앙공격수가 압박을 시행하는 첫 번째 선수가 되곤 하지만, 그렇게 하지 않고 과르디올라 감독은 두 명의 측면공격수들이 중앙 쪽으로 곡선으로 뛰면서(curved runs) 압박하는 것을 선호한다. 이로써 측면공격수들의 볼 중심 압박이 가능한 동시에, 그들이 상대 중앙과 측면 선수들 사이에 끼어들면서 상대가 측면으로 볼을 내주는 것을 방해하는 효과(cover shadow)를 볼 수 있다. 미드필드 중앙지역에서는 두 명의 '8번' 미드필더들이 상대 미드필더들을 압박해 들어갈 것이다.

맨체스터 시티의 대응적 압박 스타일은 중앙공격수와 풀백들의 활용법에 있다. 맨체스터 시티가 압박을 강하게 펼칠 적에는 중앙공격수 또한 볼을 향한 압박을 가하며 볼을 소유한 상대 골키퍼나 센터백들이 나쁜 판단을 내리게끔 강요할 것이다. 풀백들도 볼이 초기 압박을 벗어나 넘어올 경우 상대 풀백이나 윙어들과 싸우기 위해 더 높이 올라가 압박할 것이다.

압박의 첫 단계에서의 목표는 상대로 하여금 중앙지역으로 플레이하도록 강요하는 것이고, 그 지역은 우리가 앞서 살펴본 바와 같이 맨체스터 시티가 수적 우위 확보를 노리는 곳이다. 플레이가 진행되면서 만약 상대가 여전히 볼을 소유한 채로 맨체스터 시티 진영에 도달하면, 우선순위가 바뀐다. 맨체스터 시티는 중앙지역을 막으면서 상대를 측면 공간으로 몰아가려 할 것이다.

이 모든 움직임들은 단 몇 초 동안에 이루어진다. 맨체스터 시티가 볼을 잃은 직후 첫 번째 시행하는 수비적 액션은 압박일 공산이 크다. 여기서 유일하게 통상적인 예외가 중앙수비수들과 '6번'의 움직임이다. 그들은 압박보다는 수비 위치를 유지하면서 그들 간의 삼각 대형을 만들어 상대가 빠르고 긴 패스로 중앙지역에 접근하기 어렵도록 할 것이다.

그렇다고 맨체스터 시티가 항상 끊임없이 압박하려들고 압박을 시행한다는 이야기는 아니다. 우리는 맨체스터 시티가 볼을 소유하지 않을 때 상대가 1차 압박 이후에도 소유권을 유지하는 경우 내려서서 콤팩트한 수비 블록을 형성하는 것을 목격한다. 그들은 내려서서 패스 경로들을 차단하고 볼 없이 체력을 비축하는 상태다. 그러나 이는 그들이 언제든 기회만 있으면 높은 위치로 올라가 압박할 준비가 되어있다는 의미이기도 하다. 그러한 압박의 순간은 다음의 세 가지 방아쇠들 중 하나(one of three pressing triggers)가 당겨지자마자 일어나는 경향이 있다. 첫째, 만약 상대 선수의 터치가 나빠서 볼 소유에 순간적 차질이 생기는 경우. 둘째, 상대가 측면 지역으로 볼을 패스하는 경우. 셋째, 상대가 전진시킨 볼이 자신의 골대를 바라보고 있는 동료에게 전달되는 경우다.

PEP
GUARDIOLA

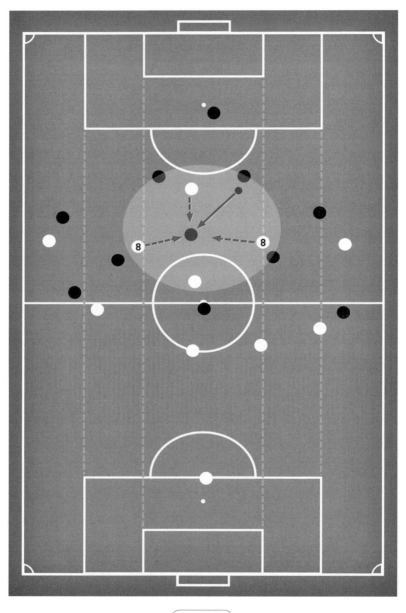

그림 27

압박

과르디올라 휘하의 맨체스터 시티가 사용하는 첫 번째 압박의 방아쇠가 당겨지며 압박이 개시된다. 바로 상대 선수가 나쁜 볼 터치를 했을 경우다. 그림 27을 보면 상대 중앙수비수가 미드필드 가장 후방의 동료에게 볼을 패스한다. 그가 볼을 받았을 때 그의 터치가 좋지 않아 볼이 이 선수의 몸으로부터 약간 멀리 떨어졌다.

이 좋지 못한 터치는 세 명의 맨체스터 시티 선수들의 압박을 촉발시키기에 충분하다. 그들은 바로 그 나쁜 터치를 노리고 있기 때문이다. 스트라이커 세르히오 아구에로(Sergio Agüero), 두 명의 '8번' 다비드 실바와 귄도안이 모두 볼을 향해 다가가면서 상대 선수 주변의 공간을 축소시킨다. 이처럼 상대 선수의 한 번의 나쁜 터치가 맨체스터 시티 선수들을 즉각적으로 반응하게 한다. 그들은 동료들의 움직임을 살피기보다 완전히 볼에 집중하면서 볼을 찾아오려 시도한다. 상대 선수가 불안정해지는 아주 짧은 순간이 맨체스터 시티 선수들로 하여금 공간을 좁히고 확실한 볼 중심 압박을 시행할 수 있도록 하는 열쇠다.

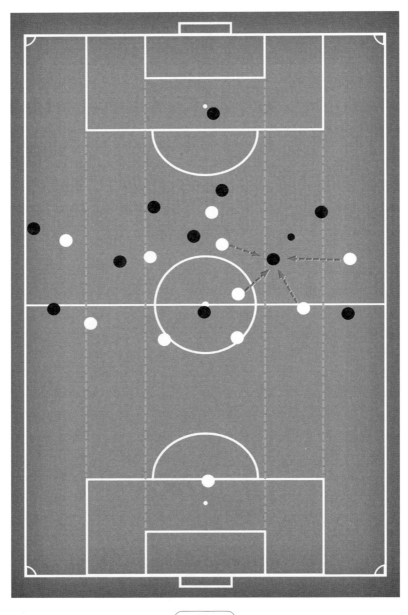

그림 28

그림 28도 유사한 사례를 보여준다. 상대 팀이 수비 위치로부터 볼을 앞으로 전진시키고자 하는 상황이다. 볼을 받으려는 선수가 원래 볼을 보내준 수비수 방향으로 느슨한 터치를 한다.

이 터치가 다시 한 번 압박을 촉발시키는 방아쇠로 작동한다. 네 명의 선수들이 볼 중심으로 집중하면서 몰려든다. 물론 좋지 않은 터치를 한 선수는 볼을 다시 자기 소유로 만들 수 있고 백패스를 보낼 수도 있지만, 이 시점에는 맨체스터 시티의 압박 움직임이 이미 개시가 되어있다. 이제 맨체스터 시티 선수들은 뒤쪽의 수비수가 플레이할 공간을 틀어막기 위해 백패스되는 볼을 압박할 것이다.

좋지 않은 첫 번째 터치로 말미암아 일어나는 연쇄 반응이 맨체스터 시티로 하여금 볼 소유권을 되찾을 수 있도록 한다. 맨체스터 시티의 압박 속에서 백패스를 받은 상대 수비수가 부정확한 전진 패스를 하기 쉬운 까닭이다.

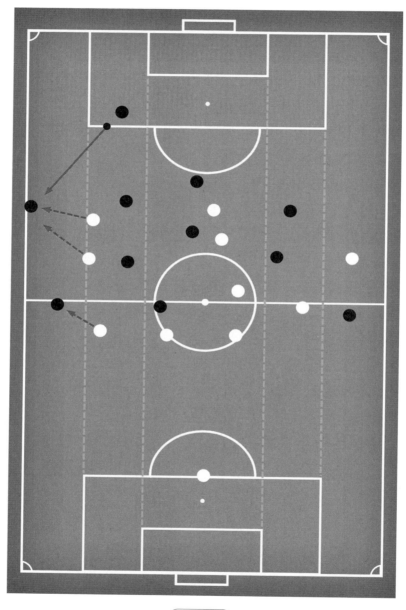

그림 29

압박

맨체스터 시티에 의해 사용되는 두 번째 압박의 방아쇠는 볼이 측면지역으로 패스되는 시점이다. 이것은 이해하기 쉽다. 측면지역은 볼 소유 시 선수가 지니는 움직임의 영역이 축소되는 곳인 까닭이다. 한 쪽 터치라인 지역에서 볼을 지닌 선수는 180도 반경의 제한된 범위에서만 플레이를 해야 한다.

이는 상대 팀의 볼이 측면으로 오면 맨체스터 시티가 신속하게 볼을 향한 압박을 가할 것이라는 의미다. 그림 29에서 볼이 골키퍼로부터 측면 공간에 위치한 풀백에게 패스되는 것을 볼 수 있다. 측면으로 패스가 나가자 맨체스터 시티 선수 두 명이 즉각적으로 압박하며 볼에 집중한다. 그런데 여기서 핵심적인 것은 압박하는 선수가 압박하러 달려가는 각도(angle)다. 맨체스터 시티 선수 한 명은 볼을 향해 압박할 뿐 아니라, 풀백이 안쪽에 위치한 센터백에게 패스할 수 있는 경로를 차단하는 방식으로 움직인다. 맨체스터 시티의 압박이 일단 시작되면, 이러한 각도의 움직임(angled runs)에 의해 상대는 쉽사리 빠져나가지 못한다.

또한, 그림에서 우리는 측면 공간으로 패스가 나감에 따라 촉발되는 '세 번째 선수'의 압박을 볼 수 있다. 맨체스터 시티의 레프트백은 볼 있는 측면지역에서 전진해있는 상대 선수를 향해 더 타이트하게 다가가 압박한다. 이러한 움직임은 측면에서 볼을 지니고 있는 상대 라이트백이 압박으로부터 벗어나는 손쉬운 전진 패스를 구사하지 못하도록 한다.

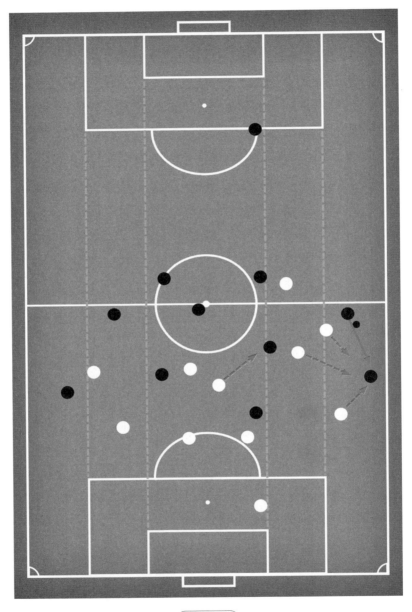

그림 30

그림 30에서도 같은 컨셉을 확인할 수 있다. 상대가 경기장의 더 높은 지역에서 측면으로 플레이하는 상황이다.

압박을 개시하는 규칙은 이전과 동일하다. 볼이 전진해있는 측면 자원에게 전해지면 세 명의 가장 가까운 맨체스터 시티 선수들이 볼을 향해 압박하면서 볼 받는 선수가 생각하고 플레이할 시간을 갖지 못하도록 한다. 여기서도 마찬가지로 볼이 중앙 쪽으로 연결되지 못하게끔 위치하는 선수가 존재한다. 그는 패스 길을 차단하는 각도로 뛰면서 볼 중심 압박을 가한다.

또한, 즉각적 압박이 이루어지는 지역 뒤편에는 한 명의 맨체스터 시티 선수가 수비 구조로부터 이탈하면서 중앙 쪽 상대 선수에 가깝게 접근하는 것을 볼 수 있다. 이것은 상대의 볼이 중앙 쪽으로 전개되는 것을 방지하는 추가적 조치다.

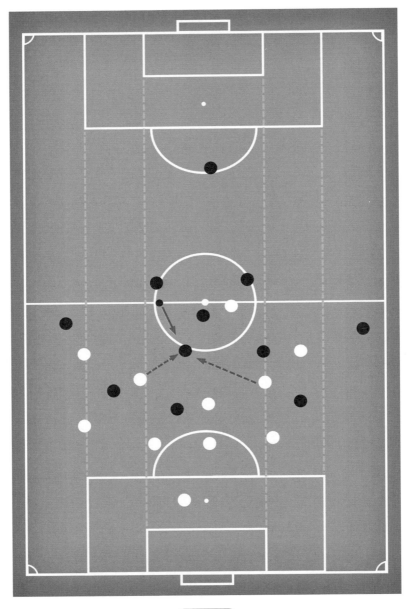

그림 31

맨체스터 시티가 그들의 압박 구조 내에서 활용하는 마지막 방아쇠는 상대가 자신의 골대를 바라보며 볼을 받는 동료에게 전진 패스를 건네주는 경우다. 이 컨셉에 관해서도 그리 복잡한 것은 없다. 자신의 골대를 바라보면서 볼을 소유하는 선수는 자신의 등 뒤에서 벌어지는 상황이나 동료들, 맨체스터 시티 선수들의 위치들을 잘 알아차리지 못한다.

그림 31이 이 컨셉을 보여준다. 상대 팀의 전진 패스가 중앙 지역에 있는 동료 선수를 향하는데, 그는 자신의 골대를 바라보고 있고 패스를 받기 전 자신의 뒤쪽 상황을 스캔(scan)하지 않은 상태다. 볼이 그 선수에게 전개되자 턴오버(turnover)를 만들어내기 위해 두 명의 맨체스터 시티 선수들이 볼 중심으로 압박해 들어온다.

이와 같은 상황은 선수들이 볼을 갖고 있든 그렇지 않든 간에 주변을 스캐닝하는 것의 중요성을 말해준다. 이는 가능한 한 자주 머리를 움직이면서 주변 지역을 스캔하는 단순한 프로세스다. 스캐닝은 다른 선수들의 위치 뿐 아니라 활용할 수 있는 공간이 어디에 있는지에 대한 심적 이미지(mental image)를 형성하게끔 한다. 스캐닝과 경기장 상황을 이미지화하는 프로세스가 종종 '위대한 선수'와 '그냥 좋은 선수'를 구별 짓는다.

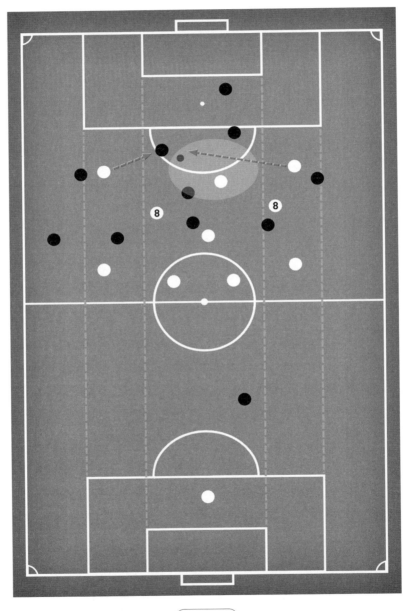

그림 32

압박

상대 팀이 플레이를 시작하려드는 초기 단계에서 종종 우리는 두 명의 맨체스터 시티 측면공격수들로부터 볼 중심 압박이 시작되는 것을 본다. 그림 32를 보면 스털링은 오른쪽, 자네는 왼쪽으로부터 안쪽으로 움직이는데, 이는 공간을 축소시키고 볼에 집중하기 위한 것이다.

이러한 움직임은 상대가 맨체스터 시티의 압박을 벗어나 전진하는 것을 가능케 하기위해 측면지역으로 볼을 내주는 플레이를 방해한다. 측면 자원들이 안으로 들어오면서 압박을 하면, 중앙공격수는 미세하게 뒤로 내려설 수 있다. 이는 중앙공격수에게 두 가지 기회를 제공하는데, 볼 없이 짧은 휴식을 취하는 기회, 그리고 볼이 중앙지역으로 올라올 경우 움직이며 압박할 준비를 하는 기회다.

양쪽 측면 자원이 자기 위치를 벗어나 볼을 향해 이동한 상황에서, 볼이 그 압박을 벗어나 중앙지역에서 올라오게 되면 두 '8번' 미드필더들에게 책임이 넘어온다. 그들은 중앙공격수를 지원하기 위한 전진 압박을 펼칠 수 있다.

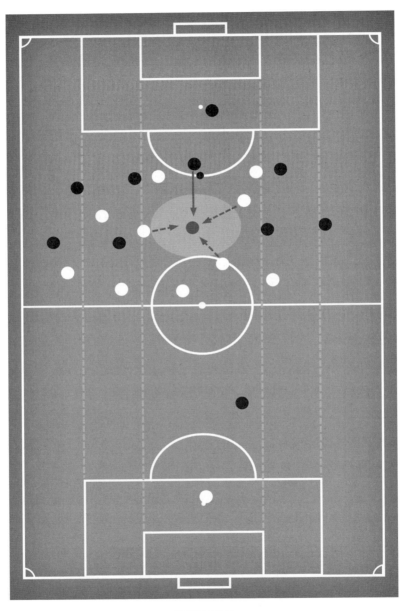

그림 33

102

압박 함정(traps)을 파고 압박의 방아쇠를 당겨 압박을 개시한다 해도, 상대가 그 압박을 쉽사리 벗어난다면 이는 의미 없는 일이 된다. 그래서 맨체스터 시티 선수들은 상대가 플레이의 방향성을 지배하기 쉽게끔 만드는 패스 길들을 틀어막는 위치선정을 한다. 이 아이디어의 요체는 맨체스터 시티가 원치 않는 지역으로 상대가 플레이를 전개할 수 있는 패스 길들을 막고자하는 것이다. 반면, 다른 지역으로는 어떤 패스 길이 열려있는 것처럼 보이게 놔둔다. 그러면 상대는 그쪽을 이용하려들 것이다.

그림 33이 이것을 보여준다. 상대 중앙수비수가 볼을 지니고 있다. 왼쪽이나 오른쪽으로 플레이하는 옵션은 패스 길이 막혀 있다. 하지만 여전히 상대 수비수가 볼을 앞으로 전진시키는 옵션은 살아있다. 그러나 그가 그 옵션을 발동시키자마자 그는 함정의 방아쇠를 당긴 셈이 된다. 세 명의 맨체스터 시티 선수들이 볼 중심 압박을 가하게 될 것이다.

압박은 현대 축구에 있어 본질적이다. 과르디올라의 팀은 볼을 지니고 있을 때 특출하게 탁월하다. 그들은 경기를 지배하고, 끊임없이 상대 선수들을 제 위치로부터 끌어내는 패스 콤비네이션들로 상대의 넋을 완전히 빼놓는다. 그러나 볼을 소유하지 못한다면 맨체스터 시티는 이러한 공격적 지배력을 획득하지 못할 것이다. 따라서 맨체스터 시티는 상대의 턴오버를 유발하고 볼을 되찾아오는 확률을 극대화하기 위해, 선수들이 언제 어떻게 볼 중심 압박에 나서야하는지 알려주는 '압박의 방아쇠 규칙'을 엄격하게 따른다. 맨체스터 시티는 매순간 끊임없이 압박하거나 계획이나 구조 없이 압박을 수행하는 팀이 결코 아니다. 그들은 실전에 앞서 훈련장에서 모든 것을 용의주도하게 계획하는 팀이다.

Chapter 6
패스 경로 차단과 밀집 수비

우리는 앞서 맨체스터 시티가 볼 소유권을 잃었을 때 상대를 압박하는 방식, 압박을 개시하는 신호들에 관해 살펴보았지만, 수비 컨셉에 대한 검토는 이것이 다가 아니다. 맨체스터 시티는 거의 모든 경기에서 점유율을 지배하지만, 때로는 보다 밀집된 수비 형태(compact defensive shape)를 갖추며 내려서야 할 필요성이 여전히 존재한다. 이는 맨체스터 시티 선수들로 하여금 밀집된 블록을 형성하는 방법에 대한 이해를 요구하며 상대가 맨체스터 시티 수비 블록을 통과할 패스 경로들을 찾아내지 못하게 하는 방법에 대한 이해 또한 요구한다. 공격적 게임 플랜의 핵심 국면이 이러한 패스 경로들을 활용하고 개척하는 것이므로, 선수들은 이 경로들을 수비하는 것의 중요성 또한 완전하게 인지해야 한다.

패스 경로 혹은 패스 길(passing lanes)은 매우 단순한 컨셉을 기술하는 용어다. 그것은 볼이 패스에 의해 통과될 수 있는, 수비 측 선수들 사이에 존재하는 통로를 의미한다.

조금 더 복잡한 국면이 존재하는데, 그것은 이 경로들이 가만히 있지 않는다는 점이다. 하프스페이스에서 볼을 소유할 때 수비 라인 너머의 동료에게 볼을 보낼 수 있는 패스 길이 존재한다고 가정해보자. 이 통로는 상대 수비수의 약간의 이동으로 인해 불과 몇 초도 안 되는 순간에 닫혀버릴 수 있다. 공격 시 중요한 핵심은 수비수가 이동해 패스 경로를 막을 때 그가 비워두고 나온 공간에서 다른 패스 경로가 잠재적으로 열릴 수 있음을 이해하는 일이다. 이것을 입장 바꿔 생각하면, 맨체스터 시티는 수비 단계에서 이러한 공간을 상대에게 허용하지 않으려 한다.

패스 길이 열리는 것을 막기 위해 맨체스터 시티는 높은 레벨의 밀집된 수비를 유지하려 한다. 앞에서 살펴 본 바대로 압박의 방아쇠가 당겨지는 상황이라면 그들은 압박을 하고자 할 것이나, 이는 어디까지나 '어느 정도까지만'이다. 상대 팀이 볼 소유권을 유지하면서 제대로 된 공격 단계에 접어들면, 우리는 맨체스터 시티가 한 명의 공격수만을 전진된 위치에 남겨둔 4-5-1 포메이션에 가까운 형태로 내려서서 수비하는 모습을 보게 된다. 이 '밀집(compactness)'을 통해 과르디올라가 노리는 것은 다음의 두 가지 목표다. 그 첫 번째는 볼 없는 상태에서 맨체스터 시티 선수들이 숨을 돌릴 수 있도록 하는 것이다. 전형적으로 맨체스터 시티는 공격 단계에서 다이나믹하고 폭발적인데, 이것은 그들이 낮은 지역이나 중간 지역에서 수비 블록을 형성할 기회가 있을 때 이를 에너지 재충전의 시간으로 사용할 것임을 의미한다. 맨체스터 시티 선수들은 상대 팀의 과밀화(overloads)를 막기 위해 여전히 오른쪽, 왼쪽으로 움직일 필요가 있지만, 힘을 비축하면서 그렇게 할 수 있다. '밀집'의 두 번째 목표는 각각의 맨체스터 시티 선수들이 서로 도움을 받을 수 있게 하기 위함이다. 이는 상대가 맨체스터 시티 수비 블록의 한 부분을 공격할 때 지원을 받지 못하고 고립되는 맨체스터 시티 선수가 한 명도 없을 것이라는 의미다. 또한 수비하는 선수들 간의 이러한 긴밀한 연결(close connection)은 수비지역 1/3(defensive third of the field)에서 압박의 방아쇠가 당겨질 때 상대의 턴오버를 유발하기 위해 볼에 달려드는 맨체스터 시티 선수가 적어도 두세 명 존재하게 됨을 의미한다.

맨체스터 시티가 이러한 방식으로 밀집 수비를 하는 보다 단순한 이유를 고려해 보아야 한다. 그것은 상대 선수들이 높은 위치로 올라오려 시도할 적에 수비를 통과해 페널티 에어리어를 위협하기 어렵도록 하기 위함이다. 밀집된 수비 블록을 효율적으로 통과하기 위해서는 상대 수비 블록 내에 존재하는 열린 공간을 찾아낼 수 있는 창의적인 선수들이 있어야 한다. 이것이 맨체스터 시티가 공격 시에 탁월한 부분인데, 그들의 전술 시스템 내에서 두 명의 '8번' 미드필더들이 이러한 공간을 포착하고 점유함에 있어 매우 탁월함을 알 수 있다. 반대로 맨체스터 시티가 수비 블록을 형성할 적에는 페르난지뉴와 같은 '6번'이 상대가 라인 사이 공간을 활용하지 못하게끔 중요한 기능을 수행한다.

물론 과르디올라가 사용하는 밀집 수비의 기능은 상대가 장악하고자 하는 공간에 대한 통제권을 행사하려는 것이기도 하다. 만약 맨체스터 시티의 수비 구조가 덜 밀집돼있고 넓게 퍼져있다면 상대가 핵심 지역에서 수적 과밀화(numerical overloads)를 만들어 맨체스터 시티의 수비를 뚫고 들어갈 기회가 존재할 것이다. 이는 특히 중요한 전술 싸움이 발생하는 경기장 중앙지역에서 명백하게 두드러진다. 과르디올라가 무슨 일이 있어도 방어하고자 하는 곳이 바로 여기다. 맨체스터 시티가 밀집되지 않고 퍼져있다면 상대는 득점 기회 창조를 노리면서 이 지역을 장악할 수 있을 것이다. 그래서 맨체스터 시티는 중앙지역을 밀집시키고, 상대로 하여금 공격할 수 있는 공간을 측면에만 허용한다.

수비를 하고 있는 어떠한 팀도 자신의 진영 모든 곳을 공평하게 커버할 수는 없다. 상대 팀의 공격 단계에서 맨체스터 시티는 세 가지 중요한 기준 (three key references)을 갖고서 수비 블록을 형성한다. 우선순위는 다음과 같다: 첫 번째는 '볼'. 두 번째는 '상대 선수'. 그리고 세 번째가 '동료 선수들'이다. 수비 블록은 볼이 쉽사리 통과하지 못하도록 세팅되고, 상대 선수가 활용할 공간을 찾아낼 수 없도록 세팅된다. 이는 맨체스터 시티의 블록이 상대적으로 중앙 쪽에 형성됨을 의미하는 경향이 있는데, 물론 상대는 이 블록을 우회하여 플레이하기 위해 측면 공간으로 나아갈 수 있다. 그러나 이러한 상황이 되면, 맨체스터 시티는 측면지역에서 볼 중심 압박을 가하기 위해 팀 전체가 빠르게 이동한다. 상대가 이 블록을 뚫고 나아갈 쉬운 길은 존재하지 않는다.

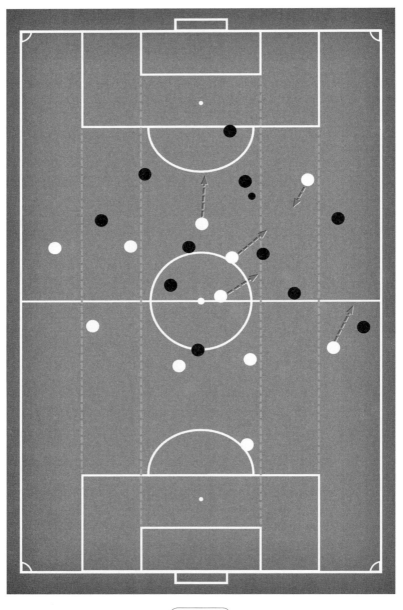

그림 **34**

볼 소유권을 내준 이후 혹은 상대가 수비 진영에서부터 빌드업을 진행할 경우, 맨체스터 시티가 상대의 패스 길들을 차단하기 위해 어떻게 움직이고 돌아가는지 고려해 보자. 이 움직임은 볼 지닌 상대 선수가 경기장 중앙 지역으로 볼을 전진시키기 용이한 패스 길을 찾아내는 것을 막기 위해 고안된다. 맨체스터 시티의 첫 번째 대응은 이러한 패스 길들을 막는 것이고, 두 번째 대응은 패스 길들을 지속적으로 막을 수 있는 접근 각도(angles of approach) 및 몸의 형태(body shape)를 이용하면서 볼 중심 압박을 가하는 것이다. 이러한 전체 과정은 순식간에 일어나기 때문에 선수들의 이해와 협력이 완벽해야 한다.

그림 34에서 상대 중앙수비수가 자기 진영 깊은 곳에서 볼을 갖고 있다. 이때 볼에 가장 가까운 두 선수가 재빠르게 이동해 볼이 중앙으로 전개되거나 왼쪽 측면 선수에게 전개되는 경로를 막는다. 그리고나서 다른 세 명의 선수들 또한 볼 지닌 수비수의 열린 패스 경로들을 방해하는 위치 이동을 수행한다.

이 모든 것은 볼 지닌 선수의 열린 옵션들을 제한하고 그로 하여금 어려운 선택을 하도록 강요하기 위함이다. 볼 지닌 상대 선수는 그래도 그 옵션들 중 하나를 선택해 패스를 시도할 것인가? 아니면 맨체스터 시티 수비가 실수하기를 바라면서 롱패스를 시도할 것인가? 아니면 골키퍼에게 백패스를 할 것인가? 만약 롱패스를 하거나 백패스를 한다면, 맨체스터 시티는 즉각적으로 '압박의 방아쇠'를 당겨 볼 소유권을 되찾기 위한 압박 액션이 개시될 것이다. 만약 상대가 어려워진 옵션을 선택해 패스를 시도한다면, 맨체스터 시티는 볼을 되찾을 높은 확률의 기회를 지닌다. 간단하지만 효율적이다.

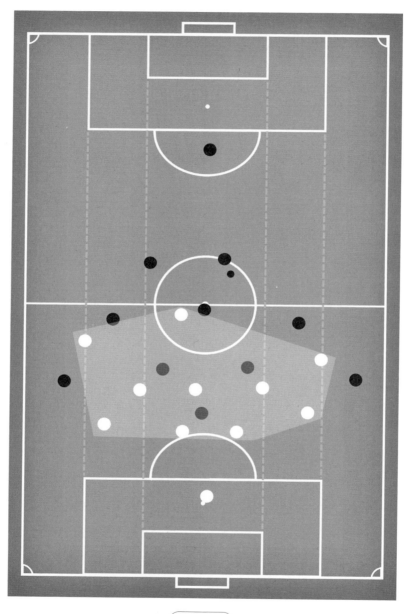

그림 35

맨체스터 시티가 자기 진영에 내려서서 밀집된 수비 구조를 형성하는 것은 선수들이 동료에 의해 밀접 지원을 받을 수 있도록 하기 위함이다. 그림 35 에서 이러한 수비 형태와 구조를 확인할 수 있다. 볼 지닌 상대 수비수는 하프라인 약간 아래쪽에 존재한다. 맨체스터 시티는 4-5-1 포메이션 형태로 내려서 있으며, 중앙지역을 막는 것을 강조하고 있다.

그림에서 볼 수 있듯이, 수비 블록은 중앙지역을 완벽하게 커버하면서 아직까지는 경기장 전체를 아우르고 있는 상태다. 만약 상대가 측면에 볼을 공급할 수 있을 정도로 충분히 빠르게 플레이한다면, 그들에겐 측면지역에서 볼을 전개시킬 공간이 존재한다. 하지만 이는 일종의 트릭이다. 맨체스터 시티는 상대가 빈 공간으로 볼을 전개시키면 순간적으로 공간을 좁히면서 턴오버를 유발시키는 압박 함정을 놓는 것이다. 맨체스터 시티 전체의 구조(the entire City structure)는 좌우로 이동할 것인데, 이것은 선수들 간의 간격을 유지하고 상대가 중앙 쪽에서 활용할 수 있는 공간을 찾아내지 못하도록 하기 위함이다.

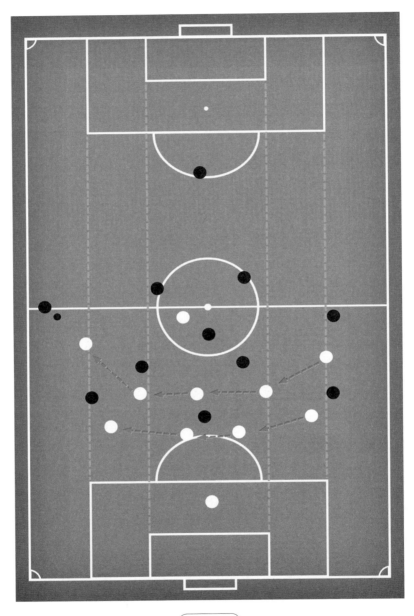

그림 36

상대의 앞쪽 공간을 틀어막기 위해 좌우로 이동하는 경우, 모든 선수가 자신의 역할을 이해하며 가담할 필요가 있다. 다른 많은 훌륭한 팀들처럼 맨체스터 시티도 이 컨셉을 잘 이해하면서 공간을 틀어막기 위한 움직임들을 수행한다.

그림 36은 이러한 컨셉이 어떻게 작동하는지 보여주는데, 볼 지닌 상대가 오른쪽 측면에 존재하는 상황이다. 여기서 다시 우리는 맨체스터 시티의 일반적 수비 구조가 네 명의 수비수, 다섯 명의 미드필더 그리고 그들 앞에 있는 한 명의 공격수로 이루어짐을 볼 수 있다. 볼이 측면 지역에 있을 때, 수비 구조 내의 맨체스터 시티 선수들은 그림에 나타난 것처럼 화살표 방향으로 이동한다.

이것의 목표는 볼을 소유한 상대 선수가 경기장 한쪽 측면에서 측면 앞쪽이나 중앙지역으로 플레이를 전진시킬 공간을 찾지 못하도록 함정에 빠뜨리는 것이다. 상대가 통상 볼을 뒤로 돌리고 반대편 측면으로 이동시킴으로써 압박을 피하려 한다면, 역방향의 프로세스가 일어난다. 맨체스터 시티 선수들은 다시 반대쪽 측면으로 이동해 공간을 틀어막을 것이다. 여기서 핵심적인 부분은 각각의 선수들이 이쪽저쪽 짧은 거리만을 이동해야 한다는 것이다. 그래야 맨체스터 시티 선수들이 과도한 에너지를 소모하는 것을 막을 수 있고, 볼을 되찾았을 때 공격 단계로 빠르게 전환할 수 있는 기반이 조성된다.

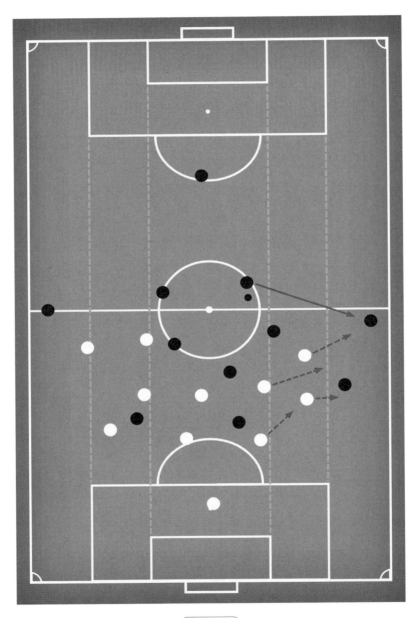

그림 37

상대가 맨체스터 시티의 수비 블록을 벗어나고자 할 때 통상 볼을 후방 수비수에게 돌리고 다시 반대쪽 측면으로 플레이하려는 것이 목격된다. 만약 상대가 충분히 빠른 속도로 패스를 연결시킬 수 있다면 맨체스터 시티의 수비 블록을 깨뜨리는 것이 가능할지도 모른다.

이때 우리는 다음과 같은 장면을 종종 볼 수 있다. 상대가 신속하게 측면 공간으로 볼을 이동시키는 다이렉트 패스로써 전환 템포를 높이게 되면, 맨체스터 시티는 즉각적으로 상대의 전진 돌파를 저지하기 위해 여러 선수들이 그 패스를 압박해 들어간다.

이러한 압박은 두 가지 목적을 지니고 있다. 첫 번째는 가능하다면 그 볼을 되찾는 것이다. 패스가 측면으로 이루어질 때 맨체스터 시티 선수들이 그 순간을 압박 개시 타이밍으로 간주함은 앞서 논의한 바 있다. 두 번째 목적은 상대로 하여금 그들의 공격적 움직임을 늦추도록 강요하는 것이다. 이렇게 되면, 앞에서 살펴본 것처럼 맨체스터 시티가 전체 수비 블록을 이동시킬 시간을 벌 수 있다.

그림 37이 이것을 보여준다. 상대 중앙수비수가 볼을 중앙으로부터 왼쪽 측면으로 패스하면 네 명의 맨체스터 시티 선수들이 즉각적으로 이동해 볼 중심 압박을 가하면서 상대의 공격 진행을 늦춘다.

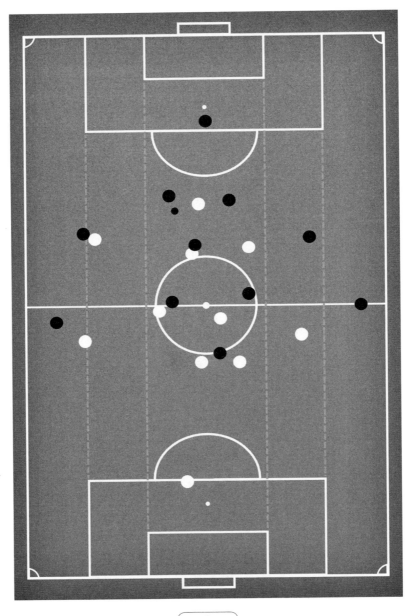

그림 38

상대가 자신의 진영에서 볼을 소유하고 있을 때, 맨체스터 시티가 수비 형태를 약간 변화시켜 거의 맨투맨을 만드는 경우들이 있다. 이것은 명백하게도 위험성을 내포한 전략인데, 상대가 맨체스터 시티 선수를 하나만 제치게 되더라도 맨체스터 시티 수비 구조가 전체적으로 부담을 받을 수밖에 없는 까닭이다.

맨체스터 시티 공격수가 상대 팀 두 명의 센터백 사이를 갈라놓아 그들이 패스를 주고받으며 공격 방향을 바꿀 수 없게끔 한다. 볼 앞쪽으로는 맨체스터 시티 선수들이 상대 선수들을 압박해 들어가며 볼이 전진되지 못하도록 한다. 다시 한 번 여기서의 목표는 볼 지닌 상대 선수가 맨체스터 시티 선수들에 의해 압박당하는 지역으로 전진 패스를 할 수밖에 없게끔 강요하는 것이다.

그림 38이 이러한 움직임과 압박을 나타낸다. 맨체스터 시티 선수들이 상대가 앞쪽으로 볼을 전진시키기 위해 사용가능한 옵션들을 근본적으로 제거하고 있음을 볼 수 있다.

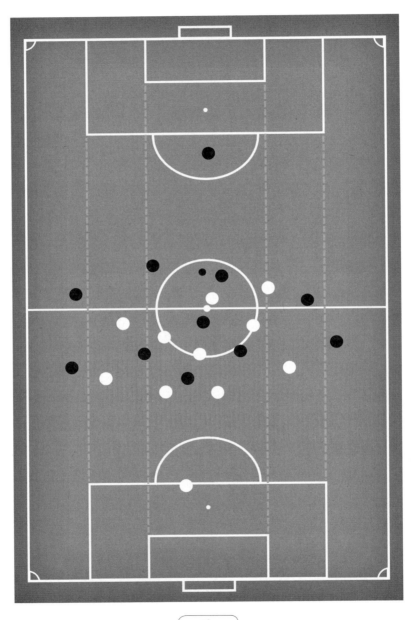

그림 39

이러한 맨투맨 마킹 구조(man-to-man marking structure)는 맨체스터 시티가 볼 소유권을 되찾는 도구로서, 그리고 상대의 공격 움직임을 지연시켜 밀집된 수비 블록으로 내려설 충분한 시간을 벌기 위한 수단으로서 사용된다.

앞에서 보았던 상대의 공격적 움직임이 지연되고, 상대는 다시 한 번 전진을 시도하기 전에 볼을 뒤로 돌린다. 이때 우리는 맨체스터 시티가 밀집된 형태(compact shape)를 구축하며 내려서는 것을 목격한다. 여기서의 핵심은 상대가 맨체스터 시티 페널티 에어리어를 향해 위협을 가할 수 있는 공간을 찾아내지 못하도록 막는데 있다.

그림 39를 보면 상대 중앙수비수가 볼을 소유하고 있다. 그가 왼쪽으로 패스할 수 있는 길은 막혀있는데, 맨체스터 시티 측면공격수가 그 길을 차단하고 있기 때문이다. 볼을 다른 중앙수비수 쪽으로 돌릴 수는 있지만, 볼 지닌 중앙수비수가 자신의 앞쪽 공간으로 전개시킬 수 있는 패스 경로는 존재하지 않는다. 설사 볼이 다시 오른쪽 측면으로 전개된다 하더라도, 볼을 전방으로 전진시킬 수 있는 쉬운 패스 길이 없다. 상대가 볼을 횡으로만 이동시키면 맨체스터 시티의 함정이 더 타이트해진다. 맨체스터 시티 공격수는 중앙수비수들이 후방에서 볼을 주고받는 경로를 계속 차단한다. 그러면 다시 한 번 상대는 맨체스터 시티에 의해 압박당하는 지역으로 패스를 보낼 수밖에 없거나, 혹은 골키퍼에게 백패스를 보내야만 할 것이다. 이렇게 되면 상대는 자신들의 어드밴티지를 모두 상실하고 있는 것이다.

과르디올라 휘하의 맨체스터 시티를 연구할 적에 수비 컨셉에 관한 고찰은 필수적이지 않은 것처럼 여겨지는 경우들이 있다. 그러나 오늘날 축구에 있어 최정상 레벨의 감독은 공격 단계에만 강하거나 혹은 수비 단계에만 강한 것으로는 충분치 않다. 최정상의 감독이라면 두 가지 모두에 있어 똑같이 능해야 한다. 의심의 여지없이 과르디올라는 피치 위의 공간에 관해 여느 다른 지도자들과 구별되는 방식의 이해를 지닌 사람이다. 그는 공간에 관한 이해를 팀이 볼을 소유하고 있는 경우뿐 아니라 볼을 지니고 있지 않은 경우에까지 적용시켰고, 이것이야말로 그의 천재적 면모다. 그럼에도 맨체스터 시티 게임 모델의 수비 파트는 지금껏 종종 간과되곤 했다.

PEP
GUARDIOLA

Chapter 7
'10번' 역할의 '8번'

축구는 본질적으로 로맨스와 역사의 스포츠다. 위대한 선수들, 위대한 팀들은 존경을 받고 시간이 흐름에 따라 점점 더 인구에 회자되는데 사람들은 나쁜 것은 잊어버리고 좋은 것만 기억한다. 축구를 둘러싼 로맨티시즘이 그러하다. 이러한 향수는 등번호 같은 것에까지 확장된다. 세월이 흐르면서 등번호는 궁극적으로 선수의 유형(types)과 결부돼왔으며, 아마도 등번호 '10번'보다 더 존중받는 번호는 없을 듯하다.

축구 용어로서 '10번'은 미드필드 라인과 공격 라인 사이의 공간에서 창의적인 플레이를 만들어내는 공격적 플레이메이커(attacking playmaker)로 간주된다. 전형적으로 이러한 선수들은 팬들을 즐겁게 하고 고무시킬 수 있는 기술과 지배력을 지닌 고도로 창의적인 유형이다.

등번호 '10번'하면 떠오르는 최고 선수들의 명단은 짧지 않다. 로베르토 바지오(Roberto Baggio), 프란체스코 토티(Francesco Totti), 지네딘 지단(Zinedine Zidane) 등등. 이들은 아이콘 등번호를 지닌 아이콘 선수들이다.

그러나 현대 축구는 전통적인 '10번'(traditional number '10')으로부터 멀어져왔다는 것이 논증되곤 한다. 4-3-3과 같은 전술적 구조가 급부상했고 이는 특히 과르디올라가 지휘한 바르셀로나에 의해 크게 인기몰이를 했다. 이 구조에서는 미드필드 기저에 '6번'을 두고 보다 높은 위치에 두 명의 '8번'들을 배치하는 구조가 보편적이다.

지난 십여 년 동안 세계 정상 레벨의 팀들이 이와 같은 미드필드 구조를 명백히 선호해왔다. 여기서 약간 변화를 주는 팀들도 존재하는데, 그들은 두 명의 6번을 2인 축(double pivot)으로 미드필드 기저에 배치한다. 이것은 어쩌면 미드필드의 수비를 고려할 때 더욱 견고한 해답일 수도 있지만, 과르디올라에게는 생각할 수 없는 구조다. 과르디올라는 선수 시절 그의 전 커리어를 '6번' 한 명이 중심축(single pivot)으로 플레이하는 시스템에서 바로 그 '6번'으로 뛰었다.

과르디올라가 아직 젊은 선수였던 시절, 그는 전설적인 네덜란드 감독 요한 크루이프(Johan Cruyff)로부터 축구의 전술적 국면을 배웠다. 그리고 크루이프는 1인 중심축이 두 명의 6번을 두는 것보다 더 나은 볼 전개를 할 수 있게끔 한다고 확신했다.

우리는 특히 2018/19시즌 맨체스터 시티가 아스날을 상대했던 홈경기에서 미세한 변화를 목격할 수 있었는데, 통상 혼자 '6번' 역할을 하는 페르난지뉴가 수비 라인에서 플레이했다는 점이다. 맨체스터 시티가 볼을 소유할 때, 페르난지뉴는 미드필더 귄도안과 동일한 라인으로 올라가곤 했는데, 이로써 맨체스터 시티는 아스날의 압박을 편안하게 풀어내며 볼을 전개시킬 수 있었다. 이는 과르디올라가 많은 이들이 생각하는 것보다 더 유연한 전술가임을 보여준 것이기도 했다.

하지만 대개 맨체스터 시티는 1인 중심축을 두는 구조를 활용한다. 과르디올라가 맨체스터 시티로 왔던 2016년, 그가 직면했던 문제는 고전적 '10번'의 능력이 검증된 선수 다비드 실바를 보유하고 있다는 것이었다. 사실 돌이켜 보면, 실바의 자리를 둘러싼 물음표가 존재했다는 것은 다소 우스꽝스러운 일이었던 것 같다. 실바가 과르디올라의 게임 모델을 이해하고 구현함에 있어 키 플레이어임을 스스로 입증해왔기에 그러하다. 그러나 이를 성취하기 위해 일단 과르디올라는 실바가 '8번' 위치로부터 더 전진하여 그의 창의성을 마음껏 발휘할 수 있게끔 하는 방법을 찾아야만 했다.

과르디올라는 극도로 단순하게 이 문제를 해결했는데, 그는 두 명의 '8번' 다비드 실바와 케빈 더 브라위너에게 통상 '10번' 선수가 활약하는 위치까지 더 높이 전진하여 플레이하도록 지시했다. 이러한 위치 컨셉을 활용할 수 있었던 까닭은 과르디올라가 더 낮은 위치에서 활약하는 맨체스터 시티 선수들의 능력, 즉 두 명의 '8번'에 의존하지 않고도 볼을 앞으로 전진시킬 수 있는 후방 선수들의 능력을 완벽하게 신뢰했기 때문이다. 두 명의 중앙수비수들과 중심축 페르난지뉴에 의해 형성되는 삼각 대형은 맨체스터 시티가 그들의 공격을 빌드업하는 데에 있어 탁월한 기반을 제공한다. 또한 맨체스터 시티는 상황에 따라 측면지역을 점유하거나 또는 안쪽으로 좁혀들어올 수 있는 풀백들을 보유하고 있다. 이 모든 것들이 실바와 더 브라위너 같은 선수들에게 더 높은 지역에서 활약할 자유를 부여한다.

두 '8번'의 위치선정에 있어 핵심적인 것은 '하프스페이스(half-space)'라 불리는 공간을 점유하는 것이다. 축구 분석의 견지에서 '하프스페이스'는 점점 더 인기를 끌고 있는 용어다. 이는 경기장에서 두 군데의 수직적 영역을 가리키는데, 경기장을 5개의 수직적 영역으로 분할할 경우 바로 2번과 4번에 해당하는 곳이다. 이 지역이 중요한 까닭은 선수가 이 지역을 차지할 경우 움직임과 패스에 있어 탄력적 유연성을 지닐 수 있기 때문이다.

측면지역의 경우 선수가 움직일 수 있는 범위는 터치라인으로 인해 한쪽으로 제한되어 있으며, 중앙지역은 종종 선수들이 몰려 있어 공간이 타이트하다. 반면 하프스페이스는 공격자가 상대 수비 구조를 공략하기 전에 볼을 받을 시간과 공간을 제공한다. 바로 이 곳에서 두 명의 '8번'이 맨체스터 시티 전술 시스템의 공격 잠재성을 극대화시키는 위치선정을 수행한다.

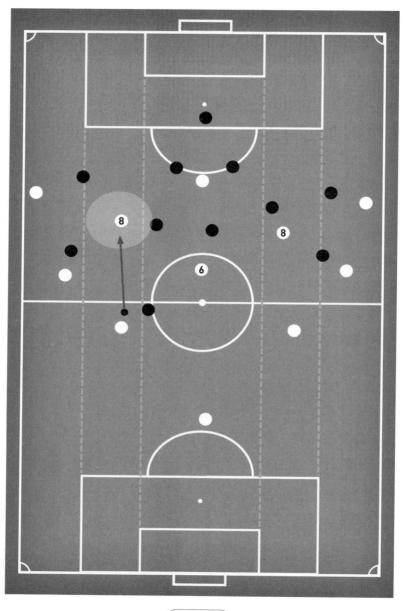

그림 40

'10번' 역할의 '8번'

맨체스터 시티가 볼을 갖고 있을 때 두 명의 '8번'은 매우 높은 라인까지 올라가는데, 측면공격수들과 동일한 라인이거나 혹은 그들보다 약간 낮은 위치다. 또한 수직적으로 그들의 위치는 명백하게도 '하프스페이스'다. 이렇게 되면 맨체스터 시티가 공격지역 1/3(final third)을 향해 빌드업을 시작할 때, 맨체스터 시티의 구조는 '5-5'로 나누어진다. 두 명의 중앙수비수, '6번', 풀백들이 첫 번째 '5'를 이루고 두 명의 '8번', 두 명의 측면공격수, 그리고 한 명의 스트라이커가 두 번째 '5'를 구성한다.

공격이 발전적으로 전개됨에 따라 두 개의 유닛(units)이 한데 결합한다. 통상 풀백들이나 심지어 '6번'이 더 높은 라인으로 이동하는 까닭이다. 공격 단계에서의 이러한 움직임이 경기장의 좌우 폭과 종적인 깊이를 아우르는 연계 및 패스 각도를 창조해낸다. 이로써 맨체스터 시티는 볼을 지극히 효율적으로 순환시킬 수 있게 되는 것이다.

맨체스터 시티가 볼을 전진시킬 때 두 '8번' 선수들의 하프스페이스 위치 선정은 극도로 중요하다. '8번'들은 종종 상대 미드필더들 사이의 공간 혹은 그들 뒤쪽 공간에 위치한다. '8번'들이 이 공간에서 볼을 받게 되면, 이들은 상대의 수비 조직을 와해시키고 고립된 수비수들과 맞서면서 상대의 과밀화를 강요할 수 있다.

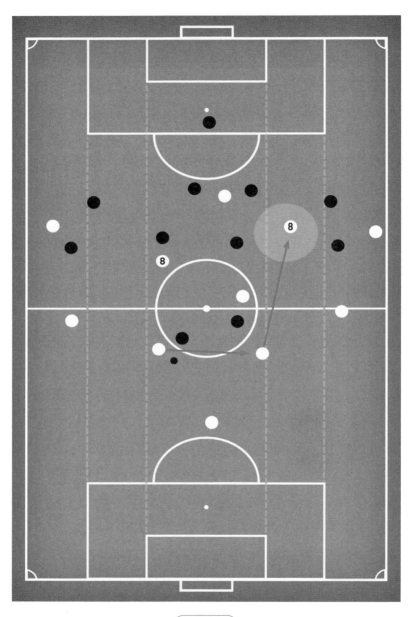

그림 41

그림 41에서 확인할 수 있듯이 ‘8번’의 위치선정이 핵심이다. 상대는 4-4-2 포메이션으로 맨체스터 시티를 압박하는데, 특히 맨체스터 시티 중앙수비수들이 편안하게 볼을 전개시키지 못하도록 두 명의 공격수가 강한 압박을 걸고 있다. 볼 소유 시 과르디올라 감독 휘하의 맨체스터 시티가 진정 얼마나 능숙한지가 이 대목에서 드러난다. 첫 패스가 볼 지닌 중앙수비수로부터 두 번째 중앙수비수 쪽으로 이뤄진다. 이것으로써 상대 공격수가 다시 압박을 가하기 전까지 압박을 피한 후, 하프스페이스 높은 라인에 위치한 더 브라위너의 발밑에 볼을 연결시킬 수 있는 수직적 패스 경로를 확보한다.

두 ‘8번’들은 매우 빈번하게 각각 다른 라인에 위치하는데, 한 선수가 볼을 향해 좀 더 아래쪽으로 내려가면 다른 한 선수는 높은 라인을 유지한다. 이러한 위치선정은 상대로 하여금 두 명의 ‘8번’을 동시에 제어할 수 있는 수비 구조를 편안하게 세팅하지 못하게 한다.

위에서 살펴본 첫 번째 패스 같은 짧은 방향전환 패스(short directional pass)는 맨체스터 시티에 의해 사용되는 통상적 전술 컨셉이다. 어떤 이들은 맨체스터 시티가 이러한 짧은 패스들을 주고받으며 ‘패스를 위한 패스’를 하는 것처럼 느낄지 모르지만, 사실은 이러한 패스들은 두 가지 의도를 내포하고 있다. 첫 번째는 상대가 볼 중심 압박을 위해 수비 위치를 벗어나 움직이도록 유도하는 것이다. 그러면 맨체스터 시티는 상대 수비가 비우고 나온 공간을 무자비하리만치 효율적으로 활용할 수 있다. 두 번째 의도는 바로 방금 전 보았던 것으로서, 수직적 패스 옵션(vertical passing option)을 지닌 동료에게 볼을 넘겨주는 것이다. 볼 지닌 선수가 상대 압박에 막혀 볼을 전진시킬 수 없다면, 단순한 횡패스로 볼을 건네주고 볼 받은 선수가 한 번의 패스를 통해 파이널 써드로 플레이를 전개시킬 수 있다.

수비 라인의 선수들이 볼을 소유할 때, 보통 두 명의 '8번'들 가운데 하나가 볼을 전진시킬 수 있는 패스 옵션을 만들기 위해 아래쪽으로 깊숙이 내려오곤 한다. '8번'들은 언제나 하프스페이스에 위치하며, 중앙수비수와 풀백 사이에서 패스 옵션을 제공한다.

PEP
GUARDIOLA

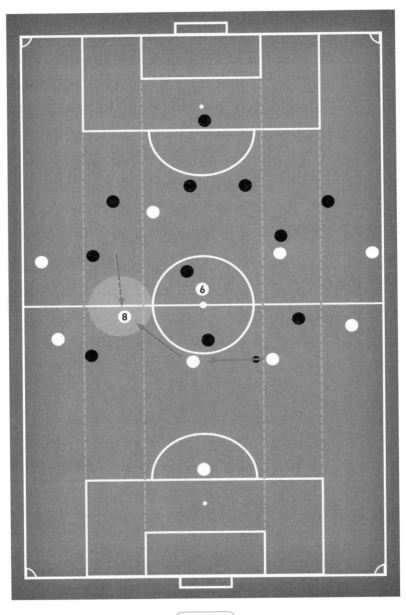

그림 42

'10번' 역할의 '8번'

수비 지역에서부터 볼을 전진시키는 것을 돕는 두 명의 '8번'이 그 작동 방식에 있어 미묘한 차이를 나타낸다는 점을 좀 더 설명할 필요가 있다. 그림 42를 보면, 맨체스터 시티는 4-1-4-1 형태로 압박해오는 상대를 맞아 볼을 편안하게 전진시키는 데에 어려움을 겪고 있다. 세 명의 미드필더들 가운데 왼쪽에 있는 다비드 실바가 볼 전개를 돕기 위해 아래쪽으로 내려오는데 이 과정에서 실바의 위치는 마치 세 번째 중앙수비수 같은 상황을 만들어낸다. 그가 이 위치로 내려옴에 따라 일반적으로 레프트백 혹은 '6번'이 실바가 비우고 나온 공간을 메워주기 위해 연쇄적으로 움직일 것이고, 바로 이 움직임이 실바가 볼을 전진시킬 수 있는 패스 옵션을 제공한다. 이 대목에서 앞서 논의한 두 가지 의도를 떠올려보자. 여기서는 중앙수비수들 사이에 시행된 첫 번째 패스만으로는 수직적 패스 옵션을 만들지 못한다. 깊숙하게 내려온 실바에게 전달되는 두 번째 패스에 의해 비로소 맨체스터 시티는 수직적 패스 옵션을 갖게 된다.

맨체스터 시티가 수직적 패스를 찌를 수 있게 되자마자, 그들은 상대의 압박 라인을 통과하고 파이널 써드 안쪽 혹은 그 부근에서 득점 기회를 창조하기 시작한다.

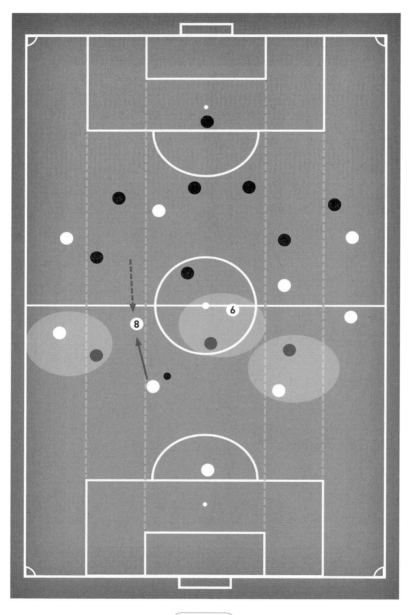

그림 43

그림 43은 볼 쪽으로 접근하는 두 번째 유형의 움직임을 나타낸다. 중앙수비수가 볼을 지니고 있을 때, 상대 세 명의 공격수들이 맨체스터 시티의 통상적 패스 전개 옵션들을 효율적으로 커버하며 압박을 걸고 있다. 이번에는 다비드 실바가 수비 라인으로 내려오는 것이 아니라 '6번'과 동일한 라인까지 내려오는데, 이는 챕터 초반에 언급한 것과 같은 '2인축(double pivot)'을 창조한다. 이러한 두 명의 수비형 미드필더 구조는 과르디올라 감독의 맨체스터 시티에서 정규적으로 활용하는 것이 아니지만, 필요에 따라 형성될 수 있는 구조다. 이 그림에서 실바는 공간에서 종패스를 받은 후 터닝하여 볼을 몰고 전진해 나아갈 수 있다.

두 '8번'이 하프스페이스에 위치하면 상대 미드필드 안쪽이나 그 부근에 존재하는 공간을 활용할 수 있고, 상대는 맨체스터 시티의 '8번'들이 이용할 수 있는 공간을 틀어막고자 때때로 극단적 방법을 가동하는 쪽으로 내몰릴 수 있다. 바로 상대의 미드필드 유닛이 맨체스터 시티 빌드업 뒤쪽으로 완전히 내려서서 밀집 수비를 형성하는 것이다. 이러한 상황이 발생할 때, 과르디올라 감독이 이미 이에 대한 해결책을 지니고 있다는 것은 놀라운 일이 아니다.

그림 **44**

'10번' 역할의 '8번'

그림 44에서, 상대가 극단적으로 콤팩트한 4-4-2 시스템으로 수비를 펼치고 있다. 심지어 맨체스터 시티의 '6번'이 상대 진영에 들어가 볼을 소유하고 있음에도 볼을 향한 압박은 여전히 제한적인 수준에 그치고 있다. 그림에서 상대의 의도는 맨체스터 시티가 중앙지역에서 공격하는 것을 막고자 하는 것인데, 특히 두 명의 '8번'에게로 쉬운 패스가 투입될 수 없게끔 한다. 이러한 상황에서는 측면공격수들과 풀백들이 볼을 전진시킴에 있어 핵심적 역할을 수행할 수 있다.

두 명의 풀백들이 하프스페이스로 움직일 것이고 '6번'과 동일한 라인까지 올라가 위치한다. 항상 그렇듯이 두 명의 측면공격수들은 극도로 높은 지역에서 매우 와이드한 측면 위치를 잡는다. 맨체스터 시티는 풀백을 통해 측면공격수에게로 편안하게 볼을 전개시킬 수 있다. 볼이 측면지역에 도달하는 순간, 우리는 상대 수비 구조의 반응을 목격하게 될 것이다. 볼이 측면으로 이동하면 상대는 맨체스터 시티의 측면공격수들이 높은 지역에서 볼을 소유하게끔 내버려두든지, 아니면 볼 중심 압박을 가할 것인지 여부를 결정해야만 한다. 측면공격수들을 내버려두면 그들의 퀄리티를 고려할 때 상대는 위험해질 수 있다.

만약 상대가 볼 중심 압박을 가하면, 상대 수비 구조 안쪽 혹은 그 부근에 빈 공간이 발생할 수 있고 '8번'이 그 공간을 통해 활기를 띠게 된다. '8번'은 그 공간을 활용해 측면의 동료들과 콤비네이션 플레이를 할 수 있을 것이다.

공격 단계에서 맨체스터 시티의 양쪽 '8번'들은 그들이 측면 동료들과 콤비네이션 플레이를 할 수 있을 때 효율적이다. 또한 8번들은 전방 공격수와 콤비네이션 플레이를 함에 있어서도 똑같이 효율적이다. 이제 우리는 이 두

8번들이 과르디올라가 파이널 써드에서 추구하는 많은 것들에 있어 얼마나 필수적인지, 그리고 이들의 하프스페이스 위치선정이 얼마나 핵심적인 것인지를 충분히 이해할 수 있다.

PEP
GUARDIOLA

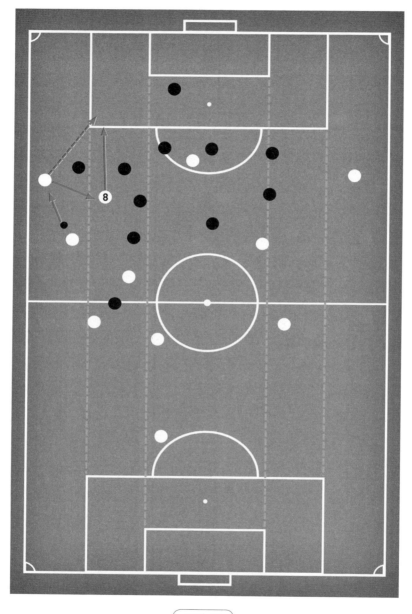

그림 45

그림 45는 맨체스터 시티 레프트백이 볼을 소유한 상황에서 측면지역으로
볼을 전진시키려 하는 장면이다. '8번' 다비드 실바는 측면공격수보다 약간
안쪽, 하프스페이스와 측면 지역을 구분 짓는 경계선 부근에 위치하고 있다.

상대 팀은 맨체스터 시티가 중앙지역으로 플레이해 들어올 공간을 막으
려하고 있다. 그림에서 볼 수 있다시피 상대가 맨체스터 시티의 중앙을 향
한 패스 길을 틀어막는 위치선정을 하고 있는 까닭에, 맨체스터 시티는 측
면지역에서 3대1 수적 우위로 인한 과밀화(overloads)를 만들 잠재력을 지
니고 있다. 일차적으로 측면공격수에게 패스가 공급되는데, 이 패스는 상대
수비수를 자리에 묶어놓음으로써 상대가 측면공격수와 실바 사이에 들어
와 그들을 갈라놓지 못하도록 하는데 있어 효율적이다. 일단 측면으로 볼이
전개되면, 상대 수비수는 물러서는 위험을 감수할 수 없다.

그 다음 이루어지는 패스, 그리고 수비수의 고립과 과밀화의 빠른 콤비네
이션이 핵심이다. 볼이 신속히 안쪽의 실바에게 이동하면 수비는 반응해야
한다. 수비수가 자리 이동을 시작하면 측면공격수는 이미 볼 뒤편으로 사선
움직임(moving on a diagonal line)을 취한다. 그리고 실바가 그 측면공격
수가 움직이는 경로로 리턴 패스를 줄 때 과밀화가 완성된다.

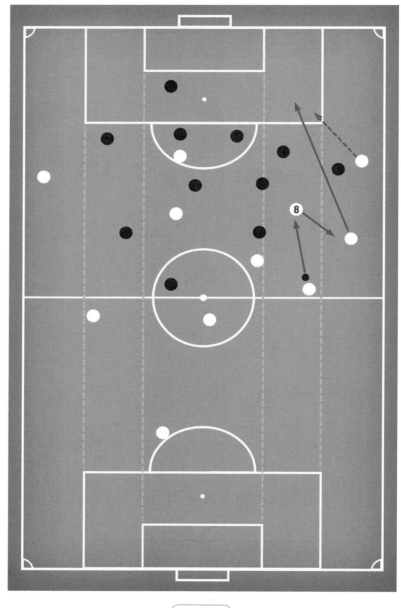

그림 46

'10번' 역할의 '8번'

그림 46에서도 같은 유형의 패스가 이뤄지는데, 이번에는 오른쪽 하프스페이스에 위치하는 더 브라위너를 통해 오른쪽에서 볼을 전진시키는 상황이다. 볼이 일차적으로 더 브라위너에게 전달되면, 그는 마크로부터 자유로운 풀백에게 볼을 플레이시킬 수 있는 능력이 있다. 이전에 살펴보았듯, 과르디올라가 이끄는 맨체스터 시티의 최우선순위는 상대 수비 라인을 통과하는 종패스를 보내는 것이다. 누가 '8번'으로 플레이하든지 간에 그에게 패스가 전달되자마자, 측면공격수 혹은 높이 올라간 풀백이 수비 라인 뒤쪽으로 사선 움직임을 시작하는 모습을 볼 수 있다. 이는 그들이 8번 동료의 기술적 역량과 시야에 대한 완벽한 신뢰를 지니고 있다는 의미인데, 선수단 내에서 '8번'은 동료들의 침투 움직임을 보는 시야 뿐 아니라 스루패스를 정확하게 구사하는 능력도 보유하고 있다.

과르디올라 휘하에서 4-3-3 포메이션의 '8번' 역할을 하는 두 선수들은 새로운 타입의 미드필더를 표상한다. 그들은 수비 단계에서 압박을 하고 상대의 패스 길을 막는 능력을 지녀야 하지만, 특히 중요한 것은 역시 공격 단계에서다. 아래쪽으로 내려와 볼 전개를 돕던지 혹은 높은 지역 공간에서 볼을 소유하든지 간에, '8번'들은 진정한 '10번'의 전유물인 시야와 표현의 자유를 가지고서 플레이를 운영한다. 맨체스터 시티에서 어쩌면 더 인상적인 것은 '8번'을 누가 맡아보느냐가 큰 문제가 되지 않는 것처럼 보인다는 점이다. 다비드 실바, 더 브라위너, 베르나르두 실바, 귄도안 그리고 필 포든 (Phil Foden)이 모두 두 시즌 동안 '8번' 역할로 유의미한 시간을 부여받았는데, 이들 모두는 다른 플레이 스타일을 지니고 있다. 이는 오히려 맨체스터 시티가 파이널 써드에서 플레이하는 방식이 다양하다는 인상을 제공하는 것처럼 보인다.

Chapter 8
카일 워커

과르디올라가 맨체스터 시티 첫 시즌을 마쳤을 때 과르디올라 자신의 높은 기준에 비추어 맨체스터 시티는 저조한 퍼포먼스에 머물렀던 것이 사실이다. 따라서 과르디올라는 신선한 변화와 1군 선수단 재구성의 필요성을 인식하고 있었다. 이후 두 시즌 연속 리그 우승 및 2018/19시즌 잉글랜드 내 트레블(리그, FA컵, 리그컵)을 이룩한 업적을 돌이켜볼 적에, 과르디올라가 맨체스터 시티의 천문학적 자금 지출 능력의 덕을 본 것이라 지적하는 사람들도 있다. 물론 한 가지 단면만 보면 이러한 지적은 충분히 이해가 가기도 하지만, 그러한 사람들이 종종 간과하는 것은 과르디올라가 어떤 선수들을 영입 대상으로 했으며 그들이 얼마나 성공적이었는지에 관한 문제다.

맨체스터 시티 두 번째 시즌을 앞두고 과르디올라와 스태프들은 2016/17 시즌 풀백들의 경기력이 심각하게 부족했다는 점을 명백히 알고 있었다. 그 당시 과르디올라는 바르셀로나 시절의 제자 라이트백 다니 알베스의 영입을 원했다는 보도들이 있었는데, 알베스는 맨체스터 시티의 제안을 거절하고 파리 생제르맹 행을 선택하게 된다. 이 실패에도 불구하고 맨체스터 시티는 재빠르고 확실하게 움직여 토트넘의 잉글랜드 대표 라이트백 카일 워커를 대안으로 영입했다.

셰필드 유나이티드 유스 출신 워커는 토트넘과 잉글랜드 국가대표에서 확실한 선발 선수로 입지를 굳히고 있었다. 하지만 그 전까지 그의 커리어는 같은 포지션 다른 선수들과는 달리 굴곡이 있는 성장 궤도를 그렸다. 워커가 같은 셰필드 유스 출신 카일 노턴(Kyle Naughton)과 더불어 토트넘으로 이적하기 이전, 그는 셰필드 유나이티드 1군 경기를 두 번밖에 뛰지 못했다. 토트넘과 계약할 당시에도 워커가 라이트백으로 성장할지 혹은 다재다능한 그가 레프트백으로 성장해 나아갈지 여부에 관해 의문점이 여전히 존재했다. 그러나 이 다재다능함은 훗날 과르디올라가 맨체스터 시티에서 워커를 활용한 방식을 고려할 때 흥미로운 통찰의 재료가 아닐 수 없다.

토트넘 선수로서도 워커는 1군에서 가치를 증명하기 위해 기다려야 했다. 그는 토트넘과 계약한 다음 바로 셰필드 유나이티드로 재임대되어 2009/10시즌을 그곳에서 보낸다. 그러나 적어도 이 시기는 워커로 하여금 1군 프로 무대에서 자리를 잡도록 하는 의미가 있었다. 워커의 임대는 이것으로 끝나지 않았는데, 그는 2010/11시즌에는 퀸즈 파크 레인저스와 아스톤 빌라에서 계속 임대 생활을 했다. 그렇게 세 클럽에서 임대 생활을 마친 후 그는 2011/12시즌 마침내 토트넘 1군을 위해 존재감을 드러낼 기회를 부여받는다.

시즌이 진행됨에 따라 워커는 자신의 자리를 획득했다. 젊은 워커는 언제나 톱 레벨의 스피드를 지니고 있었지만 그는 프리미어리그의 피지컬적 요구에 부응할 수 있게끔 근육도 추가했다. 또한 우리는 그의 다른 요소들이 점진적으로 향상되고 성장하기 시작했음을 목격했는데, 워커는 게임을 읽고 팀에 유익함을 가져다주는 위치 선정에 있어 발전된 감각을 선보이며 공격 단계, 수비 단계 모두에서 영리한 위치 선정을 하는 선수가 되고 있었다.

어쩌면 워커가 파이널 써드(공격지역 1/3)에서의 판단력 및 기술적 역량을 향상시키고 있었다는 점도 마찬가지로 중요하다. 이전에도 그는 스피드와 힘으로 상대 수비 라인의 배후를 공략하는 모습을 보여줬지만, 이제는 언제 어떻게 마지막 패스를 공급해야 하는지를 이해하면서 그 공간들을 충분히 활용할 수 있는 능력을 지니게 되었다.

맨체스터 시티가 워커를 추적해왔고 £53m라는 거금을 투자해 그를 영입한 것은 전혀 놀라운 일이 아니다. 워커는 과르디올라가 풀백에게 원하는 역동성을 지니고 있으며 새로운 역할에 대해 배우려는 의지와 다재다능함을 이미 드러내왔다. 워커가 잉글랜드 대표라는 점도 유익했는데, 그의 영입으로 맨체스터 시티는 프리미어리그 선수 등록 규정 면에서도 득을 볼 수 있는 까닭이다. 프리미어리그에는 21세가 되기 전 적어도 3년 간 잉글랜드 클럽에 등록됐던 선수가 25인 스쿼드 내에 최소 여덟 명 있어야 하는 '홈 그로운 규정(a home-grown player rule)'이 존재한다.

지금까지 워커의 맨체스터 시티 커리어는 한 마디로 전폭적인 성공이었다. 워커는 과르디올라를 위한 완벽한 풀백이었다. 그는 맨체스터 시티가 볼을 소유하고 있을 때 바깥쪽 오버랩과 안쪽 언더랩(overlaps around the outside and underlaps on the inside)을 창조적으로 시행할 수 있는 운동 능력 및 기술적 역량을 지니고 있다. 또한 우리는 워커가 맨체스터 시티에서 두 가지 약간 다른 역할도 수행했음을 목격해왔다. 볼을 소유할 때 맨체스터 시티는 때때로 세 명의 센터백으로써 효과적인 플레이를 하는데, 레프트백이 높은 지역으로 전진할 적에 워커는 다른 두 명의 중앙수비수들과

스리백 체인을 형성하며 보다 낮은 위치를 유지한다. 둘째로 워커는 역방향 풀백(an inverted full-back) 역할도 수행해왔다. 이 역할은 우리가 알다시 피 과르디올라에 의해 광범위하게 사용된 것인데, 과르디올라는 바이에른 뮌헨에서 볼 소유 시 풀백 데이비드 알라바와 필립 람을 안쪽으로 움직이게 하여 거의 중앙미드필더처럼 활용하곤 했다. 상대가 깊숙이 내려서 수세적 인 수비 블록을 형성하는 경기에서 우리는 과르디올라가 워커에게 유사한 역할을 맡겨왔음을 보았다. 맨체스터 시티의 시스템에서 워커는 안쪽으로 들어와 '6번' 미드필더와 같은 라인에서 플레이하곤 한다.

과르디올라가 워커를 이렇게 다양한 역할을 수행할만한 기술적, 전술적 역량을 지닌 선수로 간주한다는 사실은 이 라이트백이 과르디올라에게 얼 마나 높은 평가를 받고 있는지를 잘 입증한다. 이는 또한 과르디올라가 그 의 제자들을 지속적으로 발전시킬 수 있음을 다시 한 번 보여주는 것이기도 하다. 워커가 맨체스터 시티에 도착했을 때 그는 이미 현대 축구에 부합하 는 피지컬 조건을 지닌 톱클래스 풀백이었다. 하지만 워커가 볼 소유 시 중 앙미드필더로서 플레이할 수 있을 것이라 예견했던 사람은 거의 없었다. 그 러나 과르디올라는 이 가능성을 보았고, 워커에게 그러한 역할을 잘 수행하 기 위해 요구되는 모든 전술적 정보를 확실하게 가르쳐줌으로써 워커를 발 전시켜 나아갔다.

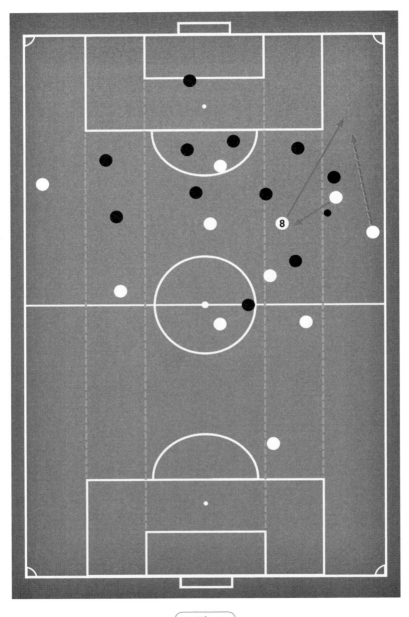

그림 **47**

과르디올라가 풀백들의 역할에 엄청난 중요성을 부여한다는 점은 지난 챕터에서 언급한 바 있다. 과르디올라의 시스템 안에서 풀백들은 서너 가지 다른 기능들을 충족시킬 것으로 기대된다. 그런데 중요한 것이 하나 있다. 각각의 풀백이 이 역할을 해석하는 방식은 선수 개인의 '정체성(identity)'에 따라 달라질 수 있다는 점이다.

선수의 '정체성'이란 선수들 각각이 지닌 고유의 특성을 의미한다. 같은 포지션을 맡는 두 선수가 감독의 동일한 지도를 받더라도, 각자의 특성에 따라 경기장에서 플레이하는 방식이 달라진다. 워커와 다닐루를 예로 들어보자. 두 선수 모두 라이트백으로 기용됐지만, 다닐루는 보다 낮은 지역에 위치하며 볼 전개를 돕던지, 아니면 측면 공간이 완전히 열릴 경우에 올라가는 경향이 짙다. 반면 워커의 움직임은 더 미묘하고 세밀하다.

무엇보다 우리는 워커가 측면지역에서 높은 위치로 전진할 때 얼마나 효율적인가를 인지해야 한다. 그림 47이 이를 잘 보여준다. 볼이 윙어로부터 하프스페이스를 점유하는 '8번'에게 백패스될 때, 수비하는 상대 선수들은 볼의 위치에 초점을 맞추게 되고 그러면 오른쪽 측면지역에 공간이 열린다. 바로 이 공간이 효율적으로 워커의 침투를 돕는다. 워커는 측면 바깥쪽으로 달려 들어가는데 이는 가까이 있는 상대 선수가 시선에 두기 어려운 방향이다. 또한 이 공간으로 인해 볼 지닌 '8번'이 침투하는 워커에 맞춰 대각선 패스를 투입할 수 있는 패스 각도가 만들어진다.

스피드와 힘이라는 피지컬적 특성을 보유한 워커에게 이제 핵심적인 과제는 언제, 어떻게 그 스피드를 활용해 상대 수비 블록을 뚫고 침투하느냐의 문제다.

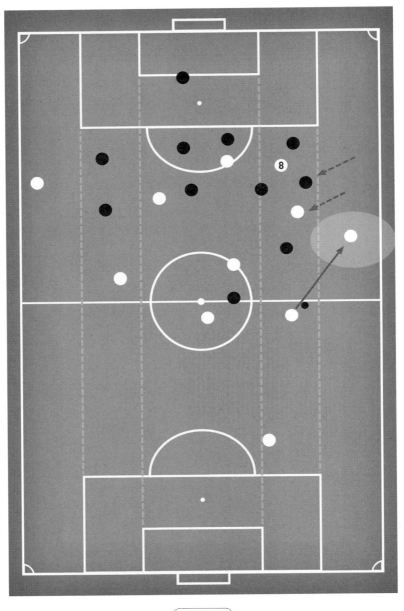

그림 **48**

물론 맨체스터 시티가 볼을 소유할 때 때때로 라이트백 위치에 있는 워커의 활동이 보다 축소돼야 하는 경우들이 있다. 이러한 상황은 맨체스터 시티가 공격 단계에서 선수들 각자가 점유해야 할 위치로 이동하며 볼 소유권을 확고히 하는 과정에 있을 적에 일어난다. 이와 같은 상황에서 워커는 측면 높은 지역으로 즉각 이동하지 않고, 볼 지닌 동료를 지원할 수 있는 각도를 만들어낼 것이다.

그림 48에서 이를 확인할 수 있는데, 오른쪽 센터백이 볼을 지니고 있고 오른쪽 측면공격수가 측면으로부터 하프스페이스 쪽으로 작은 대각선 움직임을 수행하는 것을 볼 수 있다. 이러한 움직임을 통해 워커가 자유롭게 움직일 수 있는 측면지역 공간이 열리게 된다. 공간이 발생할 때 워커는 즉각 높은 지역까지 올라가지 않고 약간 낮은 위치를 유지하면서 센터백이 패스하기에 용이한 상황을 만들어준다.

워커의 이러한 위치선정은 매우 단순하지만 맨체스터 시티가 공격 단계를 적절히 진행시킬 수 있도록 함에 있어 핵심적인 역할을 한다. 워커가 볼을 잡게 되면 맨체스터 시티는 그들이 플레이할 수 있는 좀 더 높은 라인의 거점을 확보하게 된다. 최후방 라인으로부터 다음 단계에 있는 워커에게 패스가 이루어지면, 파이널 써드로 그 다음 패스를 전개시키기가 훨씬 더 쉬워진다.

워커가 볼을 받고나면 세 가지 패스 옵션들이 존재할 것이다. 우선 측면공격수는 하프스페이스에서 지원하는 위치를 유지한다. 반면 하프스페이스 높은 위치에 존재하는 '8번'이 측면지역을 점유하고자 대각선 움직임을 수행한다. 이러한 움직임은 상대 수비로 하여금 자신의 위치를 벗어나게 만듦으로써 하프스페이스에서 공간을 발생시킬 수 있다. 이때 중앙공격수는 하프스페이스 쪽으로 돌아 뛸(angled run) 수 있는 기회를 갖게 된다. 그러면 워커에겐 다음과 같은 세 가지 패스 옵션들이 있다. 안쪽으로 주는 것, 측면지역으로 전진 패스하는 것, 아니면 중앙공격수의 침투에 맞춰 스루패스를 공급하는 것이다. 다시 한 번 강조하건대, 워커가 측면에서의 전술적 구조에 따른 자신의 역할 뿐 아니라 그 역할에 부여되는 전술적 요구사항들을 잘 이해하는 것이 중요하다.

PEP
GUARDIOLA

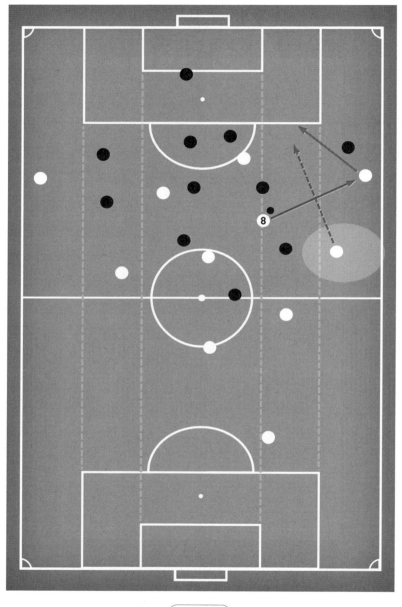

그림 **49**

카일 워커

위치선정 혹은 침투를 결정할 때 워커가 판단해야 하는 핵심적 정보는 바로 그의 앞쪽에 있는 측면공격수의 위치다. 선택은 상대적으로 단순하다. 만약 측면공격수가 측면지역에 위치하고 있으면, 워커는 하프스페이스로 움직인다. 만약 측면공격수가 하프스페이스로 움직이면, 워커는 측면지역을 점유한다.

물론 미드필드 오른쪽 '8번'의 위치까지 고려하게 되면 그림은 좀 더 복잡해진다. 이 경우 그 8번 선수의 이른바 정체성이 워커가 점유할 위치를 결정지을 수도 있다. 예를 들어 더 브라위너는 중앙지역을 점유하는 빈도가 높은 편이어서 워커에게 하프스페이스를 맡기는 반면, 베르나르두 실바와 같은 선수는 하프스페이스로 좁혀 들어오곤 한다. 따라서 자신 앞에 펼쳐지는 전술적 그림을 이해하고 자신이 점유해야 하는 공간을 특정할 수 있는지 여부가 팀을 위한 워커의 역할에 있어 중요한 핵심이 되는 것이다.

그림 49에서 워커는 하프스페이스를 점유하기 위해 대각선으로 전진해 나아갈 수 있다. 여기서 그가 그러한 판단을 내릴 수 있도록 하는 핵심적인 정보는 '8번'과 측면공격수 간의 패스 연결로부터 나온다. 8번이 측면공격수에게 패스하면 워커는 하프스페이스 높은 지역으로 대각선 침투를 감행한다. 그러면 워커의 이 움직임으로 말미암아 측면공격수는 워커의 전진 경로에 맞춰 스루패스를 공급할 수 있고, 이는 곧바로 상대의 페널티 에어리어를 위협하게 된다.

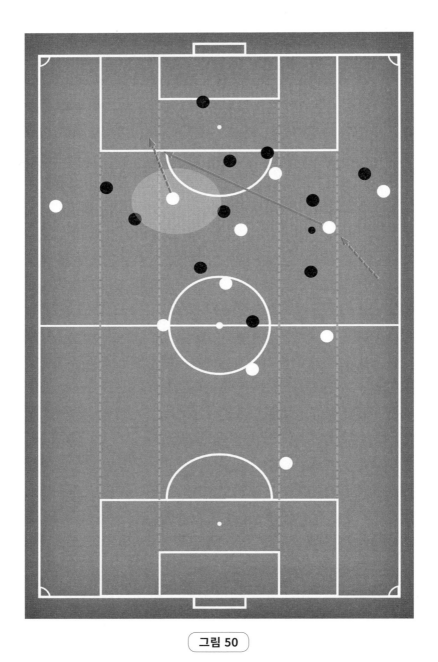

그림 50

카일 워커

두 시즌 동안 워커가 가장 인상적이었던 것은 패스 경로와 각도에 대한 이해도가 점점 더 발전해왔다는 것일 게다. 맨체스터 시티 입단 초창기에 워커는 보다 직선적인 스타일의 선수였다. 그는 통상 두 가지 중 하나를 하려고 했는데, 1대1 상황에서 수비수들을 제압하고자 가장 가까운 수비수를 향해 돌진하거나 아니면 페널티 에어리어를 향해 크로스를 보내는 것이다. 여기에는 미묘한 판단의 문제는 존재하지 않았고, 페널티 에어리어 모서리 부근에서 이뤄지는 복잡한 빌드업에 관한 고려 또한 없었다.

하지만 두 시즌에 걸쳐 워커는 과르디올라의 지도 하에 경기를 읽고 이해하는 방식에 있어 엄청난 성장을 했다. 그 성장의 수준을 가리키는 것이 바로 그림 50에서와 같은 상황이다. 여기서 워커는 다시 한 번 하프스페이스를 활용하고 있고 파이널 써드로 들어간다. 앞에서 살펴봤던 상황과 가장 확연한 차이는 워커가 패스를 받기 위해 들어가는 것이 아니라, 워커가 볼을 가지고서 이 위치로 달려 들어간다는 점이다. 그가 측면으로부터 볼을 가지고서 하프스페이스로 가로질러 들어오면, 상대는 볼 중심 압박을 위해 움직여 나올 수밖에 없게 된다. 이때 초창기의 워커 같으면 상대에게 가로막히는 상황에서 자신의 힘과 스피드를 활용해 상대를 제치려 했을 것이다. 그러나 지금의 워커는 수비가 움직여 나올 때, 반대편 하프스페이스에서 상대 수비 구조 내에 발생하는 공간을 인식하는 능력과 시야를 지니고 있다. 그는 그 공간을 볼 수 있을 뿐 아니라, 이곳을 활용해 페널티 에어리어로 진입하는 동료에게 적절한 패스를 제공할 수 있는 역량을 지닌 선수가 되었다.

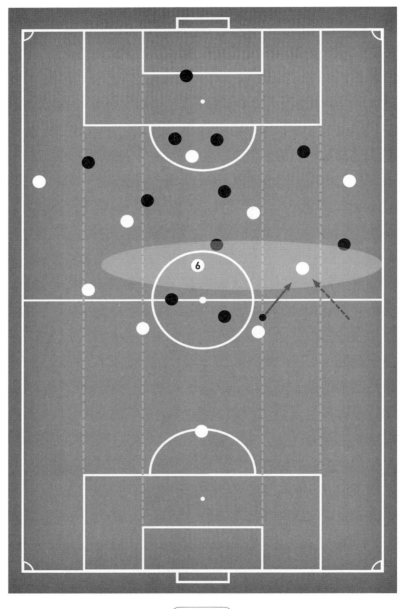

그림 51

과르디올라의 팀이 공격 단계에서 볼을 앞으로 전진시킬 적에 풀백들이 중요한 역할을 수행한다는 것은 이미 살펴본 바 있다. 하지만 이 영역에서 워커가 수행하는 구체적 역할을 검토하는 것이 중요하다.

워커가 실로 다재다능하다는 사실은 맨체스터 시티가 볼 소유권을 지닐 때 그가 라이트백 역할을 수행하는 방식의 핵심적 국면일 것이다. 우리는 이미 워커가 주어진 주변 정보에 따라 자신의 플레이를 측면에서 시행할 것인지 아니면 하프스페이스에서 시행할 것인지를 적절히 판단할 수 있는 선수임을 보았다. 그런데, 맨체스터 시티가 후방으로부터 볼을 전개시킬 적에 워커가 '6번'과 동일한 라인의 낮은 위치를 고수하는 경우들도 발견되곤 한다.

그림 51에서 이러한 예를 볼 수 있다. 최후방수비 오른쪽에서 볼을 갖고 있을 때, 워커가 움직여야 할 명백한 이유는 없다. 워커는 바로 옆에 있는 수비수이므로 패스를 편안하게 받을 수 있다. 그러나 패스를 받기 전 워커는 상대 수비의 형태를 파악하는데, 그의 앞에 한 명의 고립된 상대 수비가 있는 반면 하프스페이스를 막는 상대는 없는 상황이다. 이때 단순한 대각선 움직임을 시행하게 되면 워커에게 공간이 열린다. 그는 6번과 동일한 라인까지 좀 더 높은 위치로 이동해 볼을 소유한다. 맨체스터 시티의 최우선순위가 볼을 보다 전진된 거점을 향해 진행시키는 것임을 기억해야 한다. 워커의 작은 위치 변경이 이를 가능케 한다.

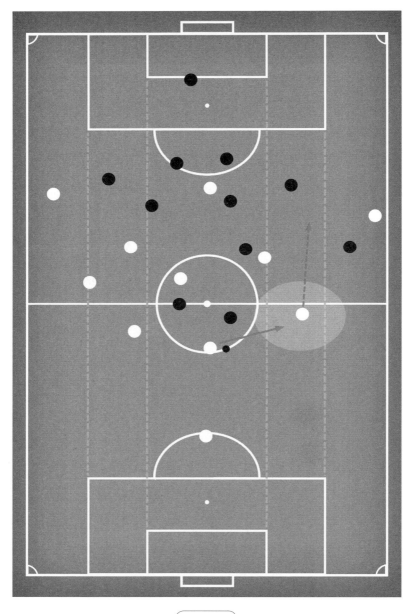

그림 52

160

카일 워커

워커의 플레이로부터 우리가 목격할 수 있는 마지막 국면은 그가 다른 두 명의 중앙수비수들과 더불어 최후방 라인에 내려서 있는 것이다. 이미 알고 있다시피 이는 상대적으로 단순한 메커니즘이다. 이 메커니즘은 맨체스터 시티가 볼을 계속 소유하면서 상대 수비 구조의 열린 공간을 포착하여 볼을 전진시키려는 의도를 지니고 있다. 그러면 맨체스터 시티는 이 공간을 활용해 볼을 더 높은 지역으로 전진시켜 보다 위협적인 상황을 만들어낸다.

워커가 맨체스터 시티에 처음 입성했을 때, 이 잉글랜드 대표 오른쪽 풀백이 '보조적인 센터백(auxiliary center-back)'으로 플레이하는 시간을 가질 거라 예상했던 사람은 거의 없었다. 하지만 워커는 맨체스터 시티에서 이 포지션의 역할과 책임에 대해 배웠을 뿐 아니라, 2018 월드컵에 출전하여 잉글랜드 3백의 오른쪽 중앙수비수 역할을 수행했다.

그림 52를 보면 워커가 수비 라인 오른쪽에서 볼을 받는 장면을 볼 수 있다. 이 지역에서 볼을 받을 때 워커는 전방으로 스루패스를 보낼 기회를 엿볼 것인데, 이는 맨체스터 시티의 변치 않는 우선순위다. 또한 워커는 상대의 벌어진 공간으로 볼을 직접 몰고 전진하는 능력도 지니고 있다.

이전에 이미 논의했듯이, 이러한 전진은 상대의 끈질긴 수비 블록을 파괴하는데 있어 지극히 효율적일 수 있다. 볼을 몰고 전진하는 워커는 상대 선수의 볼 중심 압박을 강요하게 된다. 그러면 상대 수비 구조의 다른 곳 어딘가에 공간이 발생할 수 있고, 맨체스터 시티는 이를 활용할 수 있을 것이다.

과르디올라의 맨체스터 시티에서 워커의 임팩트는 그가 지금 1군 선수단의 핵심적 구성 요소라는 사실에 의해 직접적으로 드러난다. 공격 단계에서 미드필더, 공격수들과 매끄러운 협업을 펼치는 능력, 그리고 수비 단계에서 견고한 수비 블록을 형성하는 워커의 역량은 지극히 인상적이었다. 지난 십년, 이십년에 걸쳐 풀백 포지션은 명백한 변화의 시기를 겪어왔지만, 우리는 풀백 역할의 새로운 진화 단계(the next evolution)를 상징하는 선수를 목격하고 있는 것이다. 워커가 선보여온 전술적 유연성(tactical flexibility)은 맨체스터 시티 선수단의 핵심 요소다. 워커는 경기장 오른쪽 지역에서 유리한 과밀화(favorable overloads)를 만드는데 활용될 수 있는 역동적 재료를 과르디올라에게 제공하고 있다.

PEP
GUARDIOLA

Chapter 9
존 스톤스

바르셀로나, 바이에른 뮌헨, 맨체스터 시티 커리어 동안 과르디올라가 사용해온 게임 모델에서 가장 중요한 것으로 간주될 법한 컨셉은 수비지역 1/3(defensive third)에서부터 깔끔한 빌드업을 보장하는 방법론이다.

이를 위해 과르디올라는 편안하고 확실하게 볼을 받고 패스할 수 있는 중앙수비수들, 풀백들, 그리고 조율에 능한 '6번' 미드필더를 필요로 한다. 상대의 공격을 분쇄하는 책임에만 몰두하는 순수한 파괴형(destructive) 센터백의 시대는 이미 지났다. 이제 중앙수비수들에겐 그들의 발로 볼을 플레이하는데 필요한 기술적 역량 및 창조성을 지닐 것이 요구된다. 그런데 최상위 레벨의 축구에서 이러한 '새로운 유형'의 센터백을 이야기할 때 스톤스보다 나은 선수는 흔치가 않다.

잉글랜드 대표 선수 스톤스는 고향 클럽 반슬리에서 유스 시스템을 거쳐 17세에 프로 데뷔를 했다. 스톤스는 반슬리 수비의 중심에서 노련한 선수들을 상대로도 주눅 들지 않는 플레이를 펼쳤는데, 이는 그의 능력과 성숙도를 말해주는 척도이기도 했다.

스톤스가 특별한 재능을 보유하고 있음을 사람들이 인식하는 데에는 그리 많은 시간이 걸리지 않았고, 흔히 그런 것처럼 잉글랜드의 더 큰 클럽들이 그의 이적가능성 및 이적료를 타진하기 시작했다. 결국 프리미어리그 터줏대감 에버튼이 사실상 저렴한 가격 £3m로 스톤스를 영입하게 된다.

비록 어린 나이였지만 스톤스는 에버튼 1군에서 신속하게 영향력을 행사했고, 그의 볼 다루는 능력과 수비 위치선정은 팬들과 코칭스태프에게 강한 인상을 심어줬다. 실로 스톤스가 구디슨 파크 시절 선사한 인상은 약관 20세에 그를 잉글랜드 국가대표로 데뷔하게끔 했다. 이제 스톤스에게 있어 한 차례 더 높은 레벨로 이동하는 것은 두려운 일이 아니었다.

2016/17시즌을 앞두고 과르디올라의 맨체스터 시티 도착과 더불어 맨체스터 시티는 스톤스의 영입을 위해 £50m라는 엄청난 거액을 지출하기로 결정했다. 이 액수는 에버튼에게 커다란 금전적 이득을 안겨줬고, 이전 클럽 반슬리도 '추후 판매 시 일정 비율 지급 조항'에 의해 £7m를 벌어들인 것으로 알려진다. 맨체스터 시티가 스톤스에 관심을 지닌 것은 놀라운 뉴스는 아니었다. 과르디올라가 맨체스터 시티 행에 합의한 것은 실제 그가 취임하기 훨씬 전이었고, 뉴욕에서 1년 간 안식년을 보내고 있을 적에 과르디올라는 맨체스터 시티의 향후 선수 영입에 관한 의견을 건넸을 것이다. 그는 자신의 전술적 시스템이 작동하기 위해서는 볼을 잘 다루는 수비수들(ball-playing defenders)이 필요함을 정확히 알고 있었으며, 스톤스는 이 요구에 완벽하게 들어맞는 선수였다. 더욱 중요하게도, 이 젊은 수비수는 볼 소유 시 새로운 코칭스태프가 고쳐야 할 나쁜 버릇들을 그리 많이 지니고 있지 않았다. 스톤스는 맨체스터 시티 입단 후 처음 몇 주 동안 충분히 좋은 인상을 주었고, 과르디올라 시대를 여는 공식 첫 경기부터 선발라인업에 들

었다.

　하지만 스톤스는 과르디올라의 게임 모델 안에서 주어지는 매우 구체적인 요구 사항들에 적응하는데 어려움을 겪기 시작했다. 볼 소유 시 실책들이 나왔고 이는 상대에 득점 기회를 허용하는 것으로 이어졌다. 과르디올라의 맨체스터 시티 초기, 우리는 과르디올라가 꾸준히 이러한 실수들을 자신의 책임으로 돌리는 모습들을 목격했는데, 당시 그는 스톤스에게 지시한 복잡한 사항들로 인해 문제가 발생한다는 점을 명백히 했다. 미디어와 팬들로부터의 비난을 다루는 감독 과르디올라의 접근법은 선수 관리의 훌륭한 모범이었다. 과르디올라는 스톤스가 맨체스터 시티 팀의 신뢰받는 일원임을 지속적으로 강조했고, 스톤스의 실수들은 발전 과정의 일부로서 발생하는 것임을 분명하게 피력했다. 실수들이 점차 감소하면서 맨체스터 시티는 후방으로부터 깔끔하게 볼을 전진시키기 시작했는데, 때때로 상대 압박이 극도로 강한 상황에서도 그렇게 했다. 그리고 스톤스는 이러한 역할에 잘 들어맞는 선수로 보였다.

　2018/19시즌 맨체스터 시티는 국내 3관왕(domestic treble)에 올랐는데 당시의 통계 자료들에 따르면 스톤스가 과르디올라의 시스템에 얼마나 잘 안착했는지를 알 수 있다. 스톤스의 2018/19시즌 수비 관련 주요 지표들은 그가 최상급 중앙수비수를 향해 나아가고 있음을 잘 드러낸다. 그 시즌 스톤스는 공중볼 경합(aerial duels)에서 인상적인 64.8% 승률을 선보였는데, 이것은 커리어 초기 공중볼 싸움에서 승리할 힘이 부족하다는 비판을 받곤 했던 수비수로서는 두드러진 성장이었음에 틀림이 없다.

　같은 시즌 스톤스는 189회의 인터셉트를 기록했는데, 이는 과르디올라가 요구하는 수비 모델에 완벽하게 동화된 것으로 볼 수 있다. 이제 그는 아군이 진짜로 위험해지기 이전에 상대 공격을 차단할 만큼 경기를 잘 읽는 선수가 되었다.

또한 과르디올라의 맨체스터 시티가 지닌 확연한 특성을 고려할 때, 우리는 스톤스가 볼을 어떻게 처리했는지를 살펴보아야만 한다. 2018/19 시즌 동안 그는 95% 성공률로 3,000회가 넘는 패스를 완결시켰다. 이 패스 성공률에 대해 더 깊이 들어가 보면, 맨체스터 시티의 두 시즌 성공에 있어 왜 스톤스가 필수적 요소였는지를 알 것이다. 스톤스의 전진패스(forward passes) 성공률은 90%였고, 특히 파이널 써드로 보내는 패스의 성공률이 88.5%나 됐다. 이는 스톤스가 단순히 횡패스(sideways)나 백패스(backwards)를 통해 패스 성공률을 부풀리는 선수가 아니었음을 의미한다.

두 시즌 동안 스톤스는 맨체스터 시티 퍼즐의 핵심적인 조각으로 발전해 왔다. 2018/19시즌 어느 시점에는 과르디올라가 라포르트와 빈센트 콤파니(Vincent Kompany) 조합을 선호하면서 스톤스가 자리를 잃는 경기들도 생겨나긴 했으나, 그럼에도 스톤스는 여전히 과르디올라가 추구하는 유형의 축구를 표상하는 수비수였다.

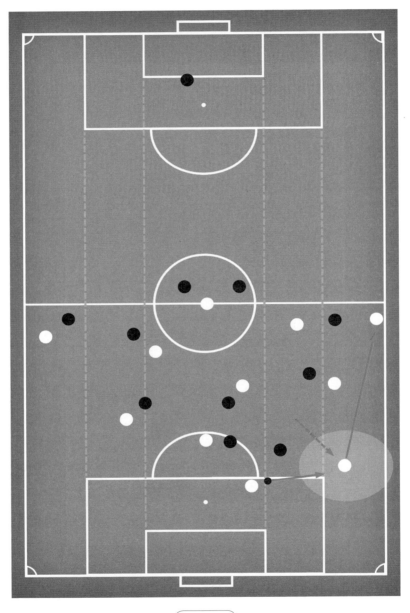

그림 53

과르디올라 감독 초기, SNS를 통해 맨체스터 시티가 수비 라인으로부터 빌드업하는 영상 클립들이 다수 공개됐다. 이 영상에서 볼이 골키퍼에게 전달되면 중앙수비수들이 골키퍼를 위한 패스 옵션을 만들어주기 위해 사선 방향으로 달려 내려온다(sprinting back diagonally). 이는 상대의 중앙 압박을 피하면서 플레이를 측면지역으로 이어나갈 수 있게끔 한다. 이는 우리가 지금도 맨체스터 시티의 경기에서 규칙적으로 볼 수 있는 것인데, 스톤스야말로 이 움직임을 빠르게 수행할 수 있는 선수다.

그림 53을 보면 이러한 움직임을 통해 볼을 전개시켜 나아가는 것을 알 수 있다. 에데르송 골키퍼가 볼을 소유한 상황에서 상대가 강력한 압박을 시도하여 골키퍼 실수를 유발하려 하고 있다. 이러한 상황에서 통상 골키퍼는 평정심을 유지하기 힘들고 압박을 피하기 위해 롱패스를 시도하게 된다. 그러나 에데르송은 다르다. 이 브라질 골키퍼는 필드플레이어들에게 더 일반적인 '온더볼 능력(ability on the ball)'을 지니고 있다. 스톤스가 코너 지점을 향해 달려 내려옴에 따라 에데르송은 상대 압박을 피해 플레이를 전개시키는데 필요한 패스 각도를 지니게 된다.

스톤스가 처음 맨체스터 시티에 입단했을 때, 그는 패스 능력은 있었지만 안전한 패스를 선호하면서 전방으로는 좀처럼 패스하지 않았다. 하지만 이제 스톤스는 여전히 안전하고 확실한 패스를 하면서도 기회가 있을 때 높은 지역을 향해 플레이하는 것이 보다 편안해졌다. 이것이 바로 그림에서 보듯, 스톤스가 골키퍼에게 볼을 받은 후 측면공격수에게 패스를 공급함으로써 상대 수비 블록을 한방에 벗겨내는 장면이다.

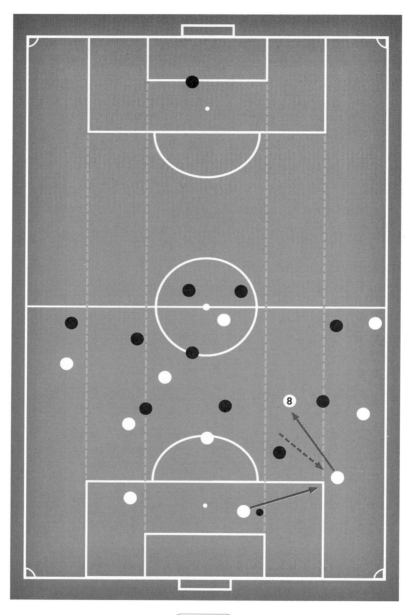

그림 54

그림 54도 비슷한 움직임으로부터 출발한다. 스톤스가 골키퍼로부터 볼을 받기 위해 측면지역 아래쪽으로 내려온다. 스톤스는 상대의 압박에 즉각 노출될 수 있는 타이트한 지역으로 내려가면서 볼을 받을 만큼 충분히 용감하다. 이렇게 함으로써 그는 맨체스터 시티가 수비 라인으로부터 미들 써드(중원지역 1/3)로 볼을 전개시킬 수 있는 기회를 창출해낸다. 이는 이미 논의했던 바와 같이, 과르디올라가 추구하는 공격적인 게임 모델에 있어 필수적인 요소다.

여기서 스톤스가 골키퍼로부터 볼을 받았을 때 라이트백 워커는 사선 방향의 패스 옵션을 제공하고 있다. 워커의 측면 위치는 상대 선수를 그쪽으로 끌어당기고 있고 자연스레 이에 따른 연쇄 작용(knock-on effect)으로 스톤스가 플레이할 수 있는 안쪽 공간이 열린다. 이는 하프스페이스 낮은 위치에 있는 '8번' 더 브라위너가 스톤스의 패스를 받을 수 있음을 의미한다. 이 하프스페이스를 향한 패스는 상대 선수들이 맨체스터 시티의 오른쪽으로 치우칠 때 그 역방향으로 볼을 이동시킴으로써, 상대 수비 블록의 밸런스를 살짝 깨뜨리는 역할도 하게 된다.

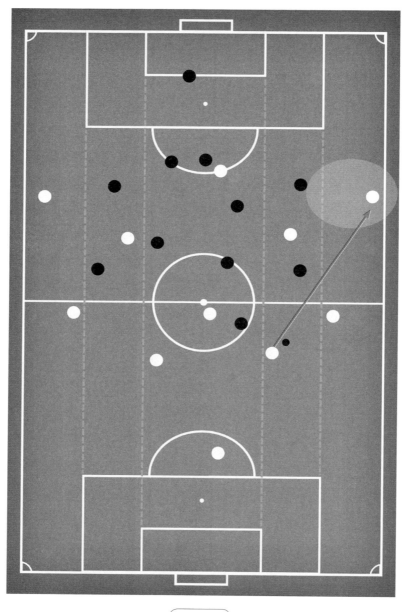

그림 55

맨체스터 시티가 최후방에서부터 빌드업을 진행할 때 스톤스가 아래로 내려오며 그의 동료들을 돕는 방식을 살펴보았다. 그는 또한 상대 수비 구조와 압박의 균형을 깨뜨리기 위해 패스 경로 및 각도를 찾아내는 일에도 탁월하다.

그림 55는 스톤스가 경기장 어느 지역으로도 볼을 보낼 수 있는 패스 범위를 지니고 있음을 보여준다. 실제로 2018/19시즌 스톤스는 69.4%라는 인상적인 롱패스 성공률을 기록했다. 그림 55에서 그가 볼을 받았을 때 맨체스터 시티는 공격 단계에 있어 견고한 볼 소유를 진행 중이고, 상대는 압박을 포기한 채 내려서서 밀집 수비 블록을 형성하기 시작한 상황이다. 상대 팀 최전방 공격수는 스톤스를 충분히 압박할 만큼 가까이 접근해 있지 않다. 그러면 스톤스는 오른쪽 측면 높은 지역에서 좋은 위치를 점하고 있는 동료를 향해 폭넓은 롱패스를 보내줄 수 있다.

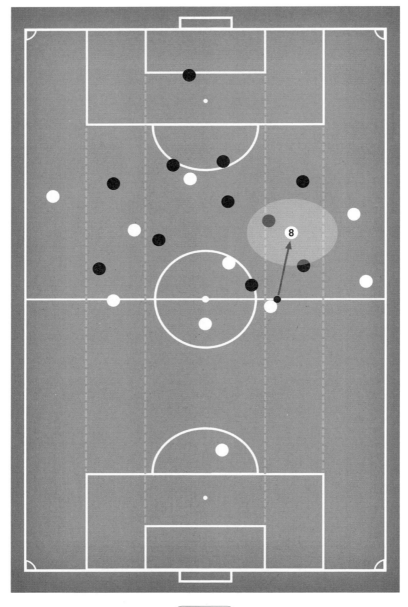

그림 56

스톤스는 긴 거리를 패스함에 있어 편안할 뿐 아니라, 상대 수비 블록 사이로 좁은 공간에 위치하는 동료를 향해 보다 섬세한 패스를 공급할 수도 있다.

그림 56을 보면, 맨체스터 시티가 미들 써드(중원지역 1/3)로부터 파이널 써드(공격지역 1/3)로 볼을 전진시키고자 할 때 다시 한 번 스톤스가 볼을 지니고 있다. 볼과 가까운 위치에 세 명의 상대 선수들이 존재함에도 불구하고, 스톤스는 압박을 받는 좁은 공간으로 패스를 투입할 만큼 충분히 용감하다. 그 공간에는 볼을 받기 위해 내려온 '8번' 베르나르두 실바가 있다.

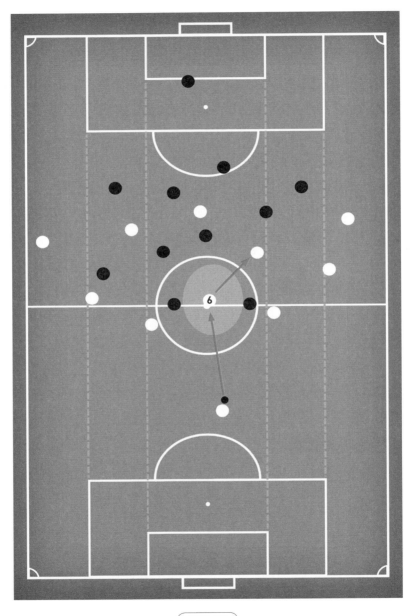

그림 57

두 시즌에 걸쳐 과르디올라는 페르난지뉴가 경기에 나설 수 없을 적에 스톤스를 미드필드 후방의 '6번' 역할로 기용하는 실험을 해왔다. 이러한 실험의 바탕에 놓여있는 생각은 간단하다. 스톤스가 그 위치를 맡을 만한 패스 능력을 지니고 있을 뿐 아니라, 논쟁의 여지가 있기는 하지만 스톤스의 수비 감각(defensive acumen) 또한 다른 대안들에 비해 나을 수 있다는 판단이다.

그림 57이 스톤스의 '6번' 역할 사례를 보여준다. 그림에서 잘 드러나듯이, 최후방미드필더 역할을 하는 스톤스는 두 명의 중앙수비수들 사이로 들어와 그들보다 아주 살짝 높은 라인에 위치한다.

포지션적으로 스톤스가 이 역할에 완벽하게 편안하지는 않다는 명백한 신호들이 있다. 그는 상대 팀이 역습을 시행하려들 때 중앙수비수들을 지원할 수 있는 보다 깊숙한 지역에 머무르기를 선호한다. 페르난지뉴의 경우 공격 지원이 가능한 좀 더 높은 지역에서 상대의 전진을 지연시키려 하는 반면, 스톤스는 지나친 조심성을 표출하는 것이다.

물론 이것이 스톤스가 보다 편안하게 이 역할을 수행할 수 있는 선수로 성장할 수 없다는 의미는 아니다. 우리가 이미 살펴봤듯이 스톤스는 가르침을 배우고 습득하는 능력이 좋은 선수다. 만약 그가 프리시즌 내내 이 역할을 익히게 되면, 그는 최후방미드필더로서 보다 빈번하게 높은 지역으로 전진할 수 있을 것이다.

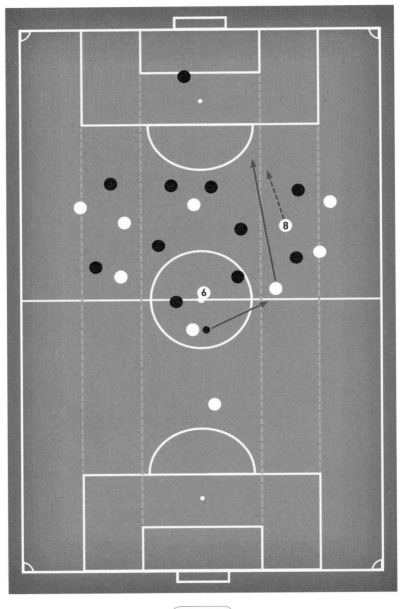

그림 58

스톤스가 '6번' 역할에 다소 불편함을 느끼는 반면, 맨체스터 시티가 볼 소유권을 유지할 때 그가 6번과 동일한 라인에 위치를 잡는 모습은 낯설지가 않다. 낮은 지역으로 내려서서 밀집된 수비 블록을 형성하는 팀을 상대하는 경우, 스톤스는 앞으로 올라서면서 패스 길을 만들어 맨체스터 시티가 보다 높은 공간으로 전진할 수 있는 역량을 증가시킨다.

그림 58이 이러한 포인트를 잘 보여준다. 상대가 내려서 있고 더욱 밀집된 수비 블록을 형성하기 시작하려 한다. 이 경우 스톤스는 최후방 라인으로부터 그 다음 라인으로 한 단계 전진하여 6번과 동일 선상에 위치한다. 최후방 동료로부터 스톤스에게 볼이 전달되면, 종적인 패스 옵션(vertical passing option)이 발생하게 되고 여기서 스톤스는 오른쪽 '8번' 베르나르두 실바가 침투하는 방향으로 볼을 투입할 수 있다.

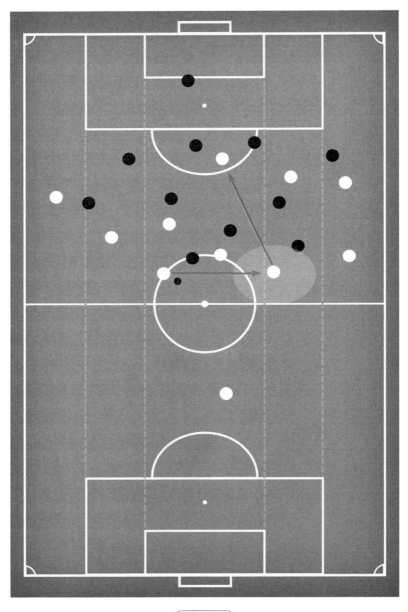

그림 59

그림 59에서도 비슷한 상황을 확인할 수 있다. 이번에는 맨체스터 시티 팀 전체가 상대 진영으로 올라와 있는 상태다. 여기서 우리는 센터백 파트너 라포르트로부터 스톤스에게 볼이 전달되는 순간, 전방으로 패스 길이 열리는 것을 목격할 수 있다.

이 지역에서 스톤스는 가장 높은 라인으로 사선 패스를 공급한다. 그곳에는 볼을 차지하고자 위치를 잡는 공격수 아구에로가 존재한다. 아구에로는 스톤스로부터 전달된 볼을 지켜낼 능력이 있고, 주변의 동료들을 플레이에 관여시키면서 한층 높은 지역에서 공격의 거점을 마련할 수 있다.

스톤스가 이러한 유형의 패스를 거리낌 없이 정확하게 공급할 수 있다는 사실은 과르디올라가 자신의 게임 플랜을 시행함에 있어 엄청난 플러스 요인으로 작용한다. 스톤스가 선보이는 패스 경로 및 각도에 대한 이해도는 창의적 미드필더에 비견될 수 있다.

이 잉글랜드 수비수에게 중요한 것은 공격적 요구사항들과 수비적 책무들 사이에서 균형을 잡는 길을 터득하는 일이다. 스톤스가 성숙도를 증가시키며 계속 배우고 있는 까닭에, 수비적인 실수도 점차 줄어들 것이고 점점 더 톱클래스 중앙수비수로 성장할 것이 기대된다.

콤파니가 친정 클럽 안덜레흐트의 감독 겸 선수(player-manager)로서 새로운 도전에 나설 것을 발표함에 따라 향후 스톤스는 더 큰 역할을 맡게 될 법하다. 바야흐로 그는 자신의 커다란 잠재성에 부응해야 하는 시기를 맞이하고 있다. 두 시즌 동안 과르디올라 휘하에서 훈련받고 플레이한 후에, 우리는 마침내 스톤스가 과르디올라가 원하는 전술적 구조에 완전히 동화될 준비가 됐음을 목격한 바 있다.

Chapter 10
에므리크 라포르트

맨체스터 시티에서 과르디올라가 사용하는 가장 중요한 컨셉들 중 하나는 팀이 경기장 1/3 지역들(the thirds of the field)을 통과하며 플레이하는 방식이다. 그 가운데에서도 가장 중요한 것은 수비 지역으로부터의 깔끔한 빌드업을 보장하는 방식이다. 2018/19시즌 동안 중앙수비수 라포르트는 이 지역에서 안정적인 볼 소유를 보장해주는 핵심 인물로 떠올랐다.

라포르트는 2017/18시즌이 시작되기 전, 맨체스터 시티의 영입 타겟이 되어왔다. 당시 그는 아틀레틱 빌바오 소속이었는데, 아틀레틱은 핵심 선수들의 이적을 꺼리는 것으로 유명하다. 바스크(Basque) 출신 선수들만을 영입하는 아틀레틱 클럽의 자체 규정을 고려하면 이는 분명 이해할만한 상황이다. 아틀레틱이 라포르트 같은 핵심 선수를 대체하기가 매우 어려운 까닭에 시즌 시작 전까지 그의 이적 협상은 잘 진척되지 않았다.

모두가 알다시피 1월 이적 시장(January transfer window)에서 가치 있는 자원을 영입하는 것은 더 힘들다. 시즌 전반기를 보내면서 스쿼드의 약점이 부각되는 시기에 가치 있는 선수를 넘기라고 다른 클럽을 설득하는 일은 극도로 어려울 수밖에 없다. 선수를 판매하는 클럽도 시즌 후반기를 보내야 하는데, 그러면 그 클럽은 자신의 약점을 감수하면서 남은 시즌을 치르게 되기 때문이다.

대부분의 경우 클럽의 스카우트 담당 부서는 미래를 염두에 두고 작업한다. 각각의 포지션별로 연속성 있는 계획을 수립하면서 향후 두세 차례의 이적 기간을 어떻게 보낼 것인지 연구하는 것이다. 1월에 이루어지는 연구는 비교적 여유가 있다. 맨체스터 시티는 이미 여름에 라포르트에 대한 완벽한 프로필 작업을 해놓았는데, 이는 시즌 전반기에도 이 센터백을 꾸준히 관찰해온 까닭이다. 한편, 아틀레틱은 라포르트를 이적시키는 상황에 직면할 경우 바스크 출신으로 그를 대체할 수 있는 유일한 인물로서 이니고 마르티네스(Inigo Martinez)를 점찍고 있었다. 다만 유감스럽게도 작은 문제가 존재했다. 마르티네스의 소속 팀 레알 소시에다드가 아틀레틱의 강력한 라이벌이고, 따라서 마르티네스와 소시에다드의 계약에 해제 조항(release clause)이 존재하기는 하더라도 선수 본인이 아틀레틱으로 이적하는데 관심이 없었다는 점이다. 맨체스터 시티가 여름에 라포르트를 영입할 수 없었던 것도 이 문제에 기인했다.

시즌이 진행되면서 라포르트는 인상적인 활약을 이어갔으며, 맨체스터 시티는 중앙수비 선수층에 약점이 노출됐다. 그리고 동시에, 아틀레틱 이적에 대한 마르티네스의 태도가 유연해지고 있었다. 결국 이러한 상황들이 라포르트의 맨체스터 시티 이적을 성사되게끔 했다. 맨체스터 시티가 아틀레틱에 지불한 £57m 가운데 아틀레틱은 마르티네스 영입을 위해 £32m를 소시에다드에 지급했는데, 아틀레틱 입장에선 쏠쏠한 수익을 올린 셈이 됐다.

맨체스터 시티 첫 6개월 동안 라포르트는 팀에 잘 적응했고 신속하게 1군 선수단의 중요한 선수가 된다. 그러나 그가 과르디올라의 팀에서 실로 핵심적인 요소로 부각된 것은 2018/19시즌의 일이었다.

라포르트는 센터백으로 플레이하는 것이 가장 편안하지만 레프트백으로도 뛸 수 있다. 그의 이러한 다재다능함은 특히 레프트백 멘디의 심각한 부상이 발생했을 때 맨체스터 시티에게 극도로 중요한 것이었다. 첫 번째 풀시즌이 지난 후 그의 경기 데이터를 살펴보면, 그가 팀에 행사했던 영향력이 더욱 부각된다. 라포르트의 전체 패스 성공률은 92.7%였고, 전진패스 성공률이 88.4%, 파이널 써드로의 패스 성공률도 88.5%나 됐다. 이것은 맨체스터 시티가 볼을 소유할 적에 수비지역 1/3과 중원지역 1/3을 깔끔하게 통과하며 볼을 전개시킴에 있어 라포르트가 핵심적인 선수였음을 보여주는 지표다. 또한, 라포르트는 공중볼 경합(aerial duels)에 있어서도 58.5%라는 인상적인 성공률을 기록했다. 논쟁의 여지는 있지만, 공중볼 싸움 면에서도 그는 맨체스터 시티에서 가장 중요한 선수가 되어왔다.

실제로, 라포르트는 볼 잘 다루는 수비수(a ball playing defender)의 이미지가 강한 나머지 그의 수비적 측면이 종종 간과되곤 한다. 과르디올라의 시스템 안에서 라포르트는 볼을 다루는데 강점이 있으며, 볼을 언제 어떻게 전진시켜야 하는지에 관한 이해도가 높다. 그러나 또한 그는 상대가 역습을 시행하려 할 적에 가장 먼저 볼 차단에 관여하는 경우가 잦은 수비수이기도 하다. 프랑스 태생으로 스페인 축구 환경에서 키워진 수비수지만, 라포르트는 전통적인 잉글랜드식 중앙수비수의 특성을 상당히 많이 지니고 있다. 그는 기술적이고 전술적인 측면만큼이나 피지컬적 측면의 경기를 즐기는 스타일이다.

수비 단계에서 특히 인상적인 라포르트의 경기 방식은 측면 지역에 고립되어 상대와 1대1 경합을 펼치는 상황에서도 중앙 지역에서와 마찬가지로 똑같이 편안하다는 점이다. 전통적으로 중앙수비수들은 상대가 빠른 전환으로 측면 지역을 공략해올 경우 수비에 더 큰 어려움을 겪는다.

 풀백이 자기 위치를 벗어난 상황에서 센터백은 측면 공간을 폭넓게 가로지르며 수비를 해줄 것이 기대된다. 오늘날 축구에서 풀백들이 높은 지역에서의 플레이에 훨씬 더 많이 관여하는 까닭에, 중앙수비수가 경기장 구석까지 폭넓은 영역을 수비할 수 있는 유연성을 지니는 것 또한 훨씬 더 중요해졌다. 이 대목에서 다시 한 번 라포르트의 전술적 유연성이 말을 한다. 라포르트가 센터백 뿐 아니라 보조적 레프트백(auxiliary left-back)으로 활용될 수 있는 능력의 소유자여서 그는 경기장 어느 지역이건 수비하는 데에 불편함이 없다. 니콜라스 오타멘디(Nicolas Otamendi)와 콤파니가 커리어 후반기에 접어들었고 두 선수 공히 부상 우려가 있는 상황에서, 라포르트의 영입은 상대적으로 높은 이적료에도 불구하고 맨체스터 시티의 기민한 비즈니스였음이 증명된다.

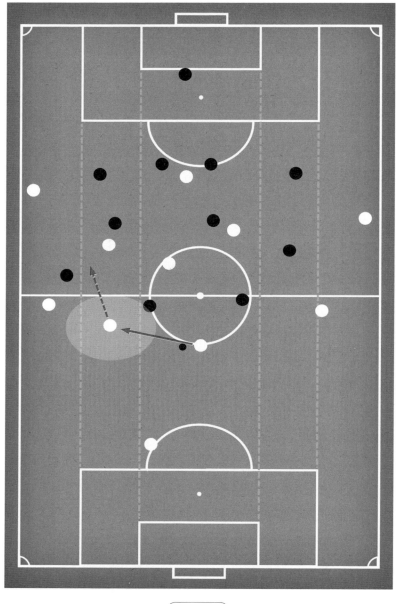

그림 60

가장 먼저 살펴봐야 할 것은 볼을 지닌 상황에서 수비 라인을 깨뜨리는 라포르트의 능력이다. 우리는 이미 이것이 맨체스터 시티가 빌드업을 꾀하는 방식에 있어 중요한 부분임을 논의해왔다. 수비로부터 볼을 전개시킬 때 최우선으로 요구되는 것은 수비수들이 상대 수비 라인을 관통하는 패스 길을 찾아내는 능력과 자신감을 지니는 일이다. 수비수의 이러한 패스는 보다 전진된 거점에서 공격을 창조할 수 있게끔 한다.

첫 챕터에서 이미 이 컨셉을 상세히 살펴봤다. 또한 워커, 스톤스가 각자의 위치에서 이 작업을 수행하는 역량에 관해서도 다룬 바 있다. 라포르트 역시 볼을 전진시킬 필요성이 있을 때 이 작업을 편안하게 수행할 수 있는 선수다. 이는 맨체스터 시티가 수비수들의 이러한 능력을 중요하게 평가하고 있다는 사실을 가리킨다.

의심의 여지없이, 훈련장에서 행해지는 디테일한 작업들이 실전에서 이 컨셉을 구현하는 바탕이 된다. 스톤스와 워커도 디테일한 지도를 통해 필수적 컨셉들을 빠르게 습득할 수 있었다. 반면 라포르트는 입단할 때부터 이미 맨체스터 시티 시스템에 거의 완벽하게 부합하는 선수였다.

그림 60을 보면 라포르트가 수비 라인 왼쪽에서 볼을 받는다. 상대 선수 한 명이 레프트백 델프에 매우 가까이 접근해 있어 델프에게 패스를 이어갈 수 있는 기회는 제한적이다. 하지만 그 대신 상대 선수가 델프 쪽으로 이동함에 따라 그와 상대 팀 나머지 수비 블록 간의 연결은 느슨해졌다. 따라서 이때 라포르트가 직접 볼을 갖고 올라설 수 있는 '통로(channel)'가 존재한다. 전진패스 능력도 있고 볼을 소유한 채 직접 수비 라인을 통과해 올라가는 능력도 있는 라포르트는 볼을 전진시키는 작업에 있어 과르디올라를 위한 또 한 명의 핵심 선수임에 틀림이 없다.

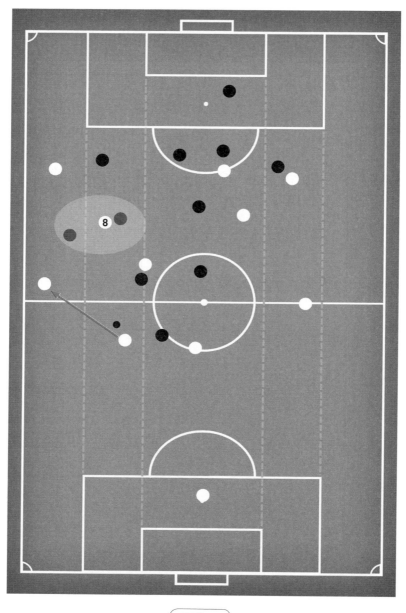

그림 61

볼 지닌 중앙수비수에게 주어지는 책임은 볼을 전진시킬 기회를 찾는 것이다. 하지만 중요한 것은 언제 볼을 전진시킬 수 있는지, 또한 언제 볼을 횡으로 순환시킬 필요가 있는지를 정확히 인식하는 일이다.

그림 61이 이러한 상황을 보여주고 있다. 라포르트가 볼을 소유하는 장면에서, 상대는 라포르트와 오른쪽 센터백 사이를 가로막고 있고 또한 왼쪽 하프스페이스 높은 지역의 '8번'을 향하는 전진패스 경로를 방해하고 있다. 라포르트에게 여전히 열려있는 패스 길은 왼쪽 측면 레프트백 쪽이다. 레프트백은 현재 자유로운 상태다.

이러한 상황에서 어떤 선수들은 하프스페이스에 위치한 8번에게 억지로 패스를 투입하려든다. 때로는 이 패스가 효과가 있는 경우들도 있는데, 상대의 압박을 받는 8번이 볼을 컨트롤하고 다시 패스하는 것이 가능하다면 그러하다. 그럼에도 이 전진 패스는 성공 확률이 낮으며, 과르디올라가 선호하는 볼의 이동 방식과는 부합하지 않는다.

여기서 생각해야 할 것은 볼을 자연스럽게 레프트백에게 패스할 때 전체 그림이 변할 수 있다는 점이다. 상대가 레프트백에게 이동한 볼을 압박하기 위해 움직이면 상대 팀 수비 구조에 시프트(shift)가 일어날 것이다. 그러면 레프트백이 다시 라포르트에게 패스하고, 이번에야말로 라포르트가 하프스페이스를 향한 전진 패스 경로를 찾아내 볼을 앞으로 전개시킬 수 있을 법하다.

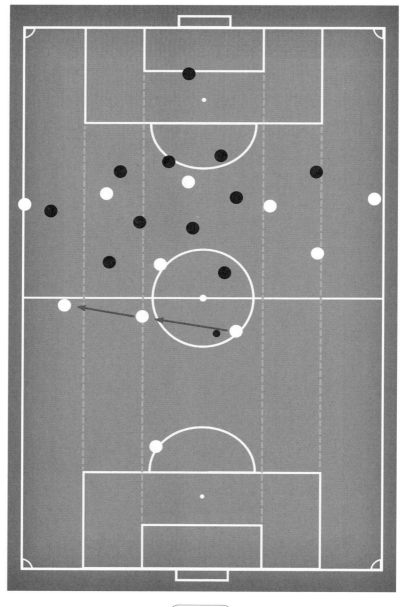

그림 62

아틀레틱으로부터 영입할 당시 맨체스터 시티가 기본적으로 라포르트를 중앙수비수로 간주했을 것은 분명하다. 하지만 멘디가 부상당하고 대체 자원 델프와 진첸코의 경험이 상대적으로 부족했기에, 라포르트는 센터백으로 뛰는 만큼 레프트백 포지션에서도 종종 활약했다. 또한 과르디올라 감독이 레프트백 포지션에 보다 견고한 수비 옵션이 필요함을 확신하는 경기들에서도 라포르트가 레프트백으로 활용되곤 했다.

대부분의 경우, 레프트백 역할에 대한 기대는 비슷하다. 라포르트는 공격 단계에서 볼을 전진시켜야 하며, 수비 단계에서는 상대가 맨체스터 시티 페널티 에어리어로 쉽사리 들어오지 못하도록 견고한 수비 블록의 일부로서 기능해야 한다.

하지만 우리가 이미 논의했듯이, 선수들마다 이 역할을 해석하는 방식은 선수 개개인의 정체성에 따라 달라질 수 있고 과르디올라는 이 점을 고려해 라포르트를 기용한다. 우리는 공격 단계에서 높은 지역으로 올라가려 하거나 상대 페널티 에어리어를 향해 오버래핑하며 달리고자(overlapping runs) 하는 라포르트의 모습을 그리 자주 목격하지는 않는다. 대신에, 그는 보다 신중한 위치와 각도를 잡으면서 자신의 앞쪽에서 볼을 소유한 동료를 지원하고자 한다.

그림 62가 이러한 예시다. 맨체스터 시티 중앙수비수가 볼을 지니고 있는 상황에서 라이트백 워커는 높은 위치로 올라서며 하프스페이스로 진입한다. 반면, 레프트백 역할을 맡은 라포르트는 낮은 위치를 유지하고 있다. 그러면 그는 측면에서 센터백으로부터 볼을 받을 수 있다.

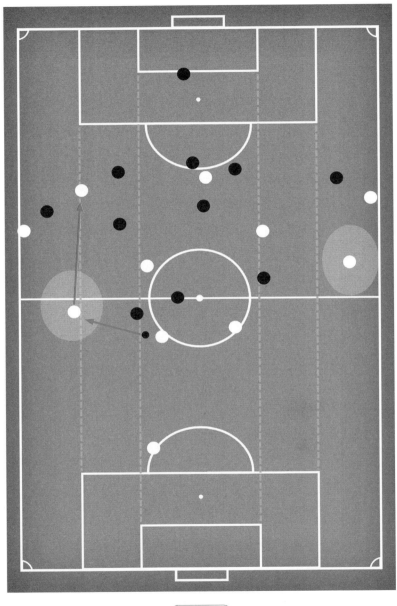

그림 63

그림 63도 유사한 상황을 보여주고 있다. 맨체스터 시티가 수비 라인에서 볼을 이동시키는 장면이다. 다시 한 번 양 풀백 위치선정의 차이에 주목해야 한다. 라이트백 워커가 이미 오른쪽 측면에서 상대 진영으로 올라가 있다. 반면 레프트백 라포르트는 이번에도 측면 공간 낮은 위치에서 볼을 받는다.

여기서 우리는 다시 한 번 맨체스터 시티가 볼 소유 시 우선순위를 잘 시행하는 모습을 목격한다. 라포르트는 하프스페이스 높은 지역의 동료를 향해 수직적 패스를 공급한다. 그러면 맨체스터 시티는 상대의 페널티 에어리어를 위협할 수 있는 아주 높은 위치로부터 곧바로 공격 작업을 진행할 수 있다.

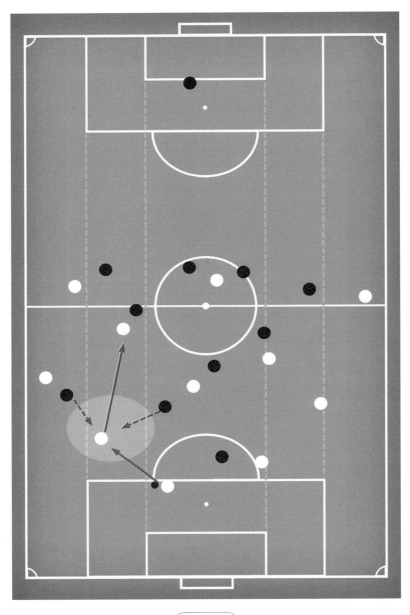

그림 64

유럽에서 뛰는 중앙수비수들 가운데 라포르트만큼 '온더볼'이 편안한 선수는 흔치가 않다. 라포르트는 타이트한 지역에서 볼을 받을 수 있고, 상대의 압박을 뚫고 플레이할 수 있는 능력을 보유했다. '압박 저항(press-resistant)'이라는 용어는 선수가 압박을 받는 상황에서 볼을 받아 소유권을 지켜내고 드리블, 패스, 슈팅 같은 긍정적 액션을 수행할 수 있는 능력을 의미한다. 이 용어는 통상 보다 높은 지역에서 활약하는 선수들에게 어울리지만, 압박 속에서도 침착성을 유지하는 라포르트를 고려하면 여기서도 충분히 적용가능하다.

그림 64가 이러한 상황을 보여준다. 라포르트가 에데르송 골키퍼로부터 볼을 받으면 그는 즉각적으로 상대 선수 두 명에 의해 볼 중심 압박을 당하게 된다. 그들은 라포르트가 전진 플레이를 할 수 없게끔 만들려고 하지만, 라포르트는 볼 소유를 유지한 후 높은 지역에 위치한 동료에게 내줄 패스길을 찾아낸다.

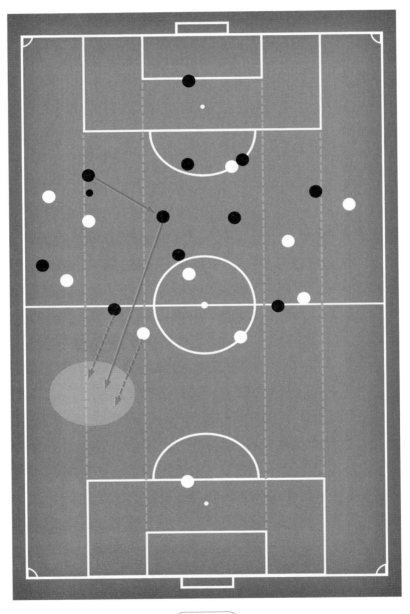

그림 65

라포르트는 영리한 패스 플레이를 할 수 있어야하며, 볼 지닌 동료를 지원하는 위치선정 능력도 갖춰야 한다. 하지만 중앙수비수의 주된 역할은 상대가 수비 라인을 뚫고 들어오지 못하게 하고, 득점 찬스를 창출하지 못하게 만드는 일이라는 점을 기억해야만 한다.

과르디올라 휘하의 맨체스터 시티는 공격 단계를 지원하기 위해 그들의 수비 라인을 높은 지역으로 끌어올린다. 따라서 이미 살펴본 맨체스터 시티의 역압박(counter-press) 성향에도 불구하고, 공격 단계가 수비 단계로 전환될 때 상대가 맨체스터 시티 수비 라인을 넘겨버리는 다이렉트 패스(direct pass)를 구사할 위험성이 여전히 존재한다.

그림 65가 한 가지 예시를 보여주고 있다. 상대가 맨체스터 시티 수비 라인을 넘겨 패스할 때, 라포르트는 뒤로 내려와 뒷공간을 틀어막기 위해 반응해야만 한다. 볼이 넘어올 때 라포르트는 공간을 죽이면서 볼에 먼저 도달할 수 있는 스피드를 보유하고 있다. 그리고 우리가 이미 논의한 대로, 그는 이렇게 측면지역에 고립된 상황에서 상대의 위협을 처리하는 수비를 편안히 수행할 수 있다.

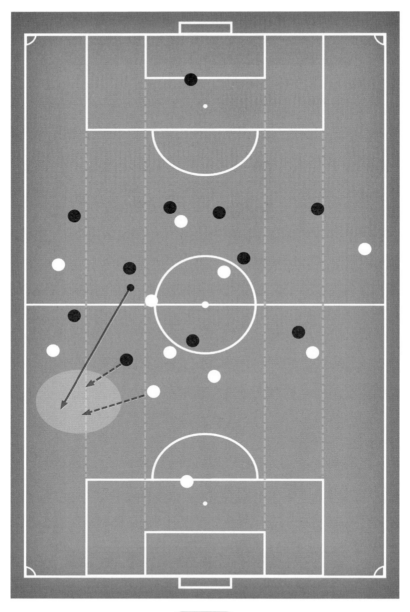

그림 66

그림 66에서도 유사한 장면을 확인할 수 있다. 상대가 전방으로 빠르게 공격 전환을 시도하는 상황이다. 맨체스터 시티가 볼 소유권을 잃은 순간 레프트백은 아직 높은 지역에 위치하고 있어, 상대 팀은 바로 이 레프트백의 뒷공간을 활용해 공격을 시도하고자 한다.

그러나 다시 한 번, 라포르트의 스피드와 예측력(pace and anticipation)이 말을 한다. 그는 볼을 따내고 볼 소유권을 되찾을 수 있을 만큼 충분히 빠르게 뒤쪽으로 움직인다. 과르디올라가 상대의 다이렉트 패스에 의한 빠른 전환 역습의 잠재적 위험을 두려워하지 않고 맨체스터 시티 수비 라인을 보다 높은 지역까지 밀어 올릴 수 있는 것도 라포르트의 스피드에 기인한다.

두 시즌을 돌아볼 때 라포르트의 영입은 맨체스터 시티 역사에 있어 분수령과 같은 순간으로 여겨진다. 그의 영입은 센터백과 레프트백을 가리지 않고 수비 구조 내의 다양한 역할을 채워줄 수 있는 퍼즐 조각을 과르디올라에게 제공했다. 라포르트가 매우 신속하게 맨체스터 시티의 핵심적 일부가 되었다는 사실이 그의 중요도를 말해준다. 환상적인 패서이자 수비 단계에 대한 이해도와 경기력이 탁월한 선수로서, 라포르트는 과르디올라의 게임 모델이 작동할 수 있게끔 하는 올라운드(all-around) 수비수다.

Chapter 11
다비드 실바

맨체스터 시티가 긴 역사와 파란만장한 스토리를 지닌 전통의 클럽임을 잊으면 안 된다. 맨체스터 시티 팬들은 2008년 인수가 일어나 세계에서 가장 부유한 클럽들 중 하나로 올라서기 훨씬 전부터 이 클럽이 존재했다는 사실을 지적하고 싶어 한다. 비교적 최근의 역사에서 맨체스터 시티는 불운이 꼬리를 물며 3부 리그에서 시간을 보냈던 적도 있었다. 이 클럽의 역사에 관해 더 상세한 정보를 제공하고 싶은 마음이 굴뚝같지만, 그래도 이 책에서는 두 시즌(2017/18시즌, 2018/19시즌)에 집중해야만 한다는 점을 이해해주시기 바란다.

2008년 아부다비 유나이티드 그룹(Abu Dhabi United Group)에 의해 인수된 이후, 다비드 실바 이상으로 맨체스터 시티를 대표하는 선수는 존재하지 않을 성싶다. 발렌시아 유스 시스템의 산물인 실바는 이후 발렌시아 성인 팀에서 괄목할 활약을 펼쳤는데, 당시 발렌시아는 다비드 비야(David Villa), 조르디 알바(Jordi Alba), 후안 마타(Juan Mata)를 포함하고 있는 팀이었다.

다비드 실바

실바는 매우 빈번하게 다비드 비야의 득점 기회를 만들어내는 창조적 재능을 선보였고 당시의 발렌시아는 유럽에서 가장 흥미진진한 젊은 팀들 가운데 하나였다. 2010년 실바는 £25m 이적료로 발렌시아를 떠나 맨체스터 시티 프로젝트에 합류했다. 돌이켜볼 때 그 이적료는 기념비적 수준의 헐값이라 해도 과언이 아니다. 실로, 요즈음 이적 시장에서 같은 영입에 나선다면 맨체스터 시티는 이 금액의 최소한 3배 이상 이적료를 지출해야만 할 공산이 크다.

맨체스터 시티가 다비드 실바를 영입함으로써 획득한 가치는 상상을 초월한다. 물론 실바도 자신의 연봉으로 보상을 받았고, 지금껏 맨체스터 시티가 실바에 들인 경비는 이적료까지 합산할 경우 큰 액수임에는 틀림이 없다. 그렇지만 실바가 맨체스터 시티에 제공한 것은 그 돈의 가치를 뛰어넘는 것이었다.

단지 골과 어시스트, 키 패스들(key passes) 뿐 아니라, 실바는 이 클럽의 심장과도 같은 선수였다. 그는 경기장 내에서 팀을 강하게 결속시키는 것은 물론이거니와 경기장 밖에서도 팀을 고무시키는 존재였던 것이다.

2017년 실바의 아들이 미숙아로 태어났을 때, 선수단 전체가 실바를 어떻게 여기고 있는지가 잘 드러났다. 과르디올라는 훈련 시간 및 경기에 나서는 시점을 실바 본인에게 선택하게끔 했고 가능한 한 가족과 많은 시간을 보낼 것을 권유했는데, 이는 매우 옳은 행동이었다. 다행스럽게도 실바의 아들은 완전히 회복을 했다. 그런데 그 기간 동안 맨체스터 시티 전체 선수들이 실바를 위해 뭉쳤는데, 실바와 그의 아들을 응원하기 위해 매 경기 승리하고자 선수단 전체가 고도로 집중했던 것이다.

맨체스터 시티에서 실바가 담당했던 역할은 지도자에 따라 변화했다.

로베르토 만치니(Roberto Mancini) 감독과 마누엘 펠레그리니(Manuel Pellegrini) 감독 휘하에서 실바는 전통적 '10번' 역할 또는 측면에 위치하는 플레이메이커 역할로 주로 활용됐다. 하지만 과르디올라가 클럽의 지휘봉을 잡으면서 실바에게 기대하는 바가 명백히 변화함을 목격할 수 있다. 4-3-3 구조에서 실바는 거의 확고하게 중앙 미드필드 두 '8번'들 중 하나로 활용되어온 것이다.

우리는 이미 실바의 역할이 과르디올라의 맨체스터 시티에서 얼마나 중요한지를 논의한 바 있다. 이 역할은 '8번'과 '10번'의 혼합형(hybrid '8's/'10's)처럼 운용되는데, 특히 맨체스터 시티가 볼을 소유할 때 훨씬 더 전진된 위치에서 영향력을 행사한다. 맨체스터 시티가 공격을 진행할 적에 우리는 실바가 왼쪽 하프스페이스에 위치하는 것을 종종 목격하는데, 그 곳에서 그는 상대 팀 라인 사이에서 볼을 받아 혼란을 야기할 수 있다.

실바의 영향력은 골과 어시스트 숫자만으로 온전히 표현되지 않는다. 그의 영향력은 그 정도로 단순하지 않다. 2017/18시즌 그는 프리미어리그에서 9골 10어시스트를 기록했고, 2018/19시즌에는 6골 7어시스트로 다소 떨어졌다. 하지만 이와 별개로 실바의 능력은 타이트한 공간에서 작동한다. 상대의 타이트한 밀집 수비 구조 안에서 공간을 찾아내고 상대의 페널티 에어리어로 진입할 수 있는 길을 창조하는 것이다. 이는 두 시즌 동안 실바가 기록한 드리블 성공률을 통해서도 명백하게 드러난다. 그는 2017/18시즌에 80.5%, 2018/19시즌에는 76.2%의 드리블 성공률을 기록했다. 또한 같은 기간 파이널 써드(pass into the final third)와 페널티 에어리어(pass into the penalty area)로의 패스 성공률을 보면, 실바는 2017/18시즌 87%의 파이널 써드로의 성공률, 69.2%의 페널티 에어리어로의 성공률을 나타냈고,

2018/19시즌에는 각각 83.8%와 71.3%의 성공률을 기록했다.

어쩌면 2019/20시즌에는 실바가 34세가 되는 만큼, 필 포든과 같은 젊은 선수들이 한 단계 도약을 꿈꾸면서 실바와 부분적 경쟁을 일으킬 가능성도 있다. 피지컬적 관점으로만 보면 실바가 하락하고 있는 것이 사실인 까닭이다. 실바는 더 이상 90분 풀타임을 완주하는 것이 쉽지 않으며, 최고 레벨에서의 출전 시간을 조심스럽게 관리해줘야 할 것이다. 그러나 온더볼 능력 및 경기의 템포와 흐름을 컨트롤하는 역량의 견지에서, 실바에 비견될 만한 선수는 맨체스터 시티를 넘어 유럽 축구 전체에서도 여전히 드문 것 또한 사실이다.

실바가 맨체스터 시티에서 자신의 역할이 줄어드는 것을 받아들이고 계속 머무를지 아니면 중국이나 중동 등지로 최후의 큰 이적을 감행할지는 지켜보아야 할 것이다(감수자 주: 하지만 2020/21시즌 실바가 실제로 이적한 곳은 스페인의 전통 명문 레알 소시에다드였다). 맨체스터 시티 구단 그리고 감독 과르디올라와의 관계를 고려하면, 어쩌면 실바는 맨체스터 시티와 더불어 아직 이루지 못한 챔피언스리그 우승에 도전하는 쪽을 선택할 가능성도 있다. 실바의 활동력은 감소하고 있는 기미가 역력하지만, 공간을 점유하고 다루는 법에 대한 이해도, 공간을 활용하는 전술적, 기술적 퀄리티에 있어서는 의심의 여지가 없다. 실바가 지닌 퀄리티는 실바가 떠날 경우 이적시장에서 그의 적절한 대체자를 찾기가 극도로 어려울 것임을 시사한다.

그림 67

맨체스터 시티가 실바를 활용하는 방식에 있어 가장 중요한 국면은 그의 위치선정에 있다. 그는 더 이상 전통적 '10번'이 아니라 역삼각형 위쪽의 두 중앙미드필더들 가운데 한 명으로서 플레이한다. 실바의 이 역할은 '10번'과는 다소간 다른 경향이 있다. 그는 팀의 공격 단계에서 대부분의 시간을 왼쪽 하프스페이스 혹은 왼쪽 측면에서 보낸다.

그림 67은 실바가 '10번'으로 뛸 때 통상 점유하던 위치와 과르디올라 휘하에서 뛰는 위치의 차이를 나타내고 있다. 이 그림이 보여주는 명백한 차이는, 실바가 통상적인 '10번' 위치인 중앙에서 볼을 소유한 경우 동료들과 잘 연결되기 어려운 반면, 하프스페이스에서 사이 공간을 점유하고 있을 때는 볼 지닌 후방의 동료가 높은 지역으로 볼을 전진시킬 수 있는 기회를 제공하고 있다는 점이다. 이러한 작은 변화 하나가 실바의 공간 창출을 위한 충분한 기반으로 작동하며, 이것은 또한 상대 선수들이 실바를 수비하기 위해 이동해야만 하는 상황을 야기한다. 상대의 이러한 이동은 연쇄 반응을 일으킴으로써 그들 수비 구조 내의 다른 영역에서 공간이 열리는 결과를 초래할 것이다.

실바는 위치선정과 움직임에 있어 지능적이다. 종종 그는 볼과 측면공격수의 위치에 따라 하프스페이스와 측면지역 사이를 오간다. 예를 들어 측면공격수가 측면지역을 점유하면 실바는 하프스페이스에 머무를 것이다. 측면공격수가 하프스페이스로 움직이면 실바는 측면으로 돌아나간다. 이렇게 경기장 각 지역에서 이동하고 위치를 바꾸는(moving and rotating position) 움직임은 훈련장에서 계획되고 장착된 것이다. 이러한 위치 이동은 '볼의 위치(the position of the ball)', '동료 선수들의 위치(the position of the team-mates)', 그 다음으로 '상대의 위치(the position of the opposition)'에 따라 이루어진다. 여기서 항상 '볼'이 최우선순위가 된다. 다시 한 번 우리는 맨체스터 시티 선수들이 매 경기 끊임없이 처리해야만 하는 전술적 정보의 양이 막대하다는 것을 체감할 수 있다.

PEP
GUARDIOLA

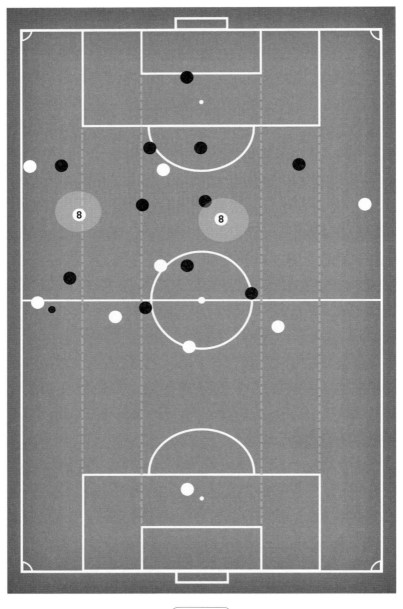

그림 68

그림 68은 공격 단계에서 실바가 다른 '8번'과 더불어 어떤 위치를 점유하는
지를 보여주는 예시다. 레프트백이 볼을 갖고 있는 상황에서, 상대 수비 블
록의 위치는 맨체스터 시티가 중앙지역을 통해 용이하게 플레이할 수 있는
공간을 틀어막으려 한다. 실바는 왼쪽 측면과 하프스페이스의 경계 선상에
위치하며, 왼쪽 측면공격수는 측면 깊숙이 위치하고 있다. 다른 8번 더 브라
위너는 중앙지역에 위치하는데, 그의 역할은 볼이 파이널 써드로 올라올 때
볼을 왼쪽에서 오른쪽으로 전환시키는 중심축을 제공하는 것이다. 반면 실
바는 왼쪽에서 볼의 전진을 용이하게 만들기 위한 위치를 점하고 있다.

　볼을 지닌 레프트백은 두 가지 명백한 옵션을 지니는데, 어느 쪽으로 진
행하든 결과는 같아진다. 그 결과란 바로 실바가 사이 공간에서 볼을 갖게
된다는 것이다. 볼을 직접적으로 더 높은 지역의 실바에게 연결시키는 것이
첫 번째 옵션이다. 그러면 실바는 그가 창출한 공간으로부터 플레이를 진행
시킬 수 있다. 두 번째로, 볼이 높은 라인에 위치하는 측면공격수에게 연결
되는 옵션이 존재한다. 그러면 측면공격수는 이 볼을 실바를 향해 뒤로 패
스한 후 즉각 수비 뒤쪽으로 돌아 뛰는 움직임을 취한다. 이는 측면공격수
가 실바로부터 다시 스루패스를 받을 것이라 예상하는 까닭이다.

　파이널 써드로 전진 플레이를 시도함에 있어 핵심 포인트는, 공격수가 득
점 기회를 맞이할 수 있도록 상대 최종 수비 라인 뒤쪽으로 패스를 투입할
찬스를 창조하는 것이다. 바로 이 대목이 실바가 자신의 재능을 십분 발휘
하는 영역이다. 그는 사이 공간을 찾아낼 수 있고, 동료로부터 볼을 받아 소
유할 수 있으며, 예리한 스루패스를 성공시킬 능력을 갖추고 있다.

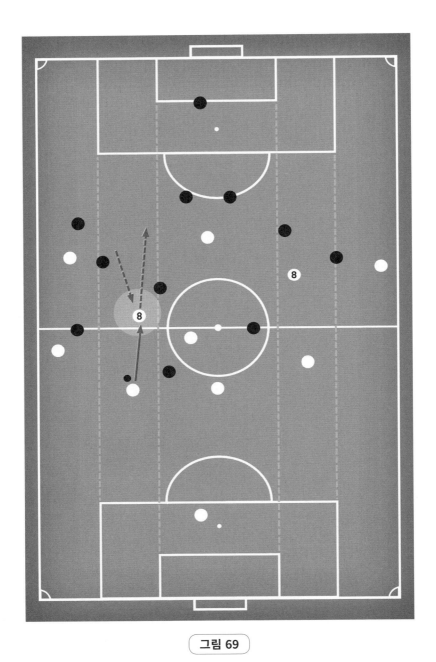

그림 69

다비드 실바

맨체스터 시티가 볼을 전진시키려 할 때, 실바는 오른쪽 8번 미드필더에 비해 수비수들과의 연결을 유지하고자 더 많은 신경을 기울이는 것이 목격된다. 통상 맨체스터 시티 수비수들이 압박을 받는 상황에서 수비 블록 사이 혹은 뒤편의 공간으로 종적인 패스를 투입하기 어려운 시간들이 존재한다. 우리가 이미 논의했던 것처럼, 이런 경우 맨체스터 시티는 수비 라인에서 볼을 순환시키며 전진 패스를 투입할 기회를 엿볼 수 있다. 그런데 만약 상대가 충분히 빠른 속도로 계속 이동하며 대처하는 경우, 맨체스터 시티는 좀처럼 볼을 전진시키지 못하게 될 것이다.

바로 이 대목에서 실바의 전술적 지능(tactical intelligence)이 발휘된다. 그림 69는 상대가 조직적으로 잘 움직여서 맨체스터 시티가 전진에 애를 먹는 상황을 나타낸다. 이때 실바는 이러한 상황을 인식하고 상대 수비 블록 사이로 내려와 볼을 받고자 한다. 실바는 수비수로부터 패스를 받고 돌아서 수비 블록 라인을 돌파해 들어갈 개인 역량을 보유하고 있다. 실바의 이러한 돌파는 상대에게 즉각적으로 큰 부담을 주는 동시에 맨체스터 시티의 볼 전진을 가능케 한다.

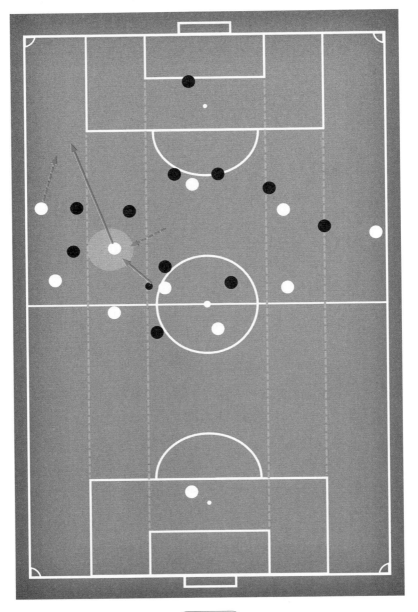

그림 70

그림 70에서 다시 한 번 실바가 지능적 움직임을 통해 상대 압박을 넘어 볼을 전진시키는 모습을 확인할 수 있다. 페르난지뉴가 볼을 갖고 있는 상황에서 상대 선수가 페르난지뉴의 실수를 유발하기 위한 압박에 나서고 있는 장면이다.

압박에 나선 상대 선수는 또한 실바가 볼을 받지 못하도록 패스 길을 차단하는 데에도 한몫을 담당하고 있다. 여기서도 실바의 지능적이고도 자유로운 움직임이 플레이의 단초가 된다. 실바는 페르난지뉴가 압박 받는 것을 인지하면서, 하프스페이스 쪽으로 짧은 대각선 움직임을 취한다. 실바가 이렇게 움직이면 더 이상 패스 길이 막혀 있지 않게 되며 페르난지뉴도 편안하게 압박을 피할 수 있게 된다. 실바는 하프스페이스에 존재하는 틈새 공간에서 볼을 받아 수비 라인 배후로 침투하는 측면공격수에게 패스를 투입할 수 있다.

이 움직임은 복잡하거나 어려운 것이 아님에도 지극히 효율적이다. 맨체스터 시티 선수들의 움직임을 지배하는 규칙들을 알게 되면, 선수들이 플레이할 때 내리는 의사결정(decision making)에 관해서도 이해하게 된다. 우선 실바는 '볼의 위치'와 연관해 자신의 위치를 잡는 것인데, 그는 자유롭게 볼을 받아 그 볼을 앞으로 전개시킬 수 있게끔 위치선정을 한다. 둘째로, 그는 다른 라인에 존재하는 '동료의 위치'를 고려해 움직이는데, 이로써 실바는 페르난지뉴가 파이널 써드로 볼을 전개시키는 것을 도울 준비를 한다. 마지막으로, 실바의 위치선정은 '상대 선수의 위치'와도 연관을 맺는다. 실바는 상대 선수의 압박에 의해 패스 길이 막힌 것을 인식한다. 그래서 작은 위치 변화를 통해 '볼'이 올라올 수 있게끔 하고, '동료'에게는 패스 옵션을 제공하며, '상대'의 블록으로부터 자신을 자유롭게 만드는 것이다.

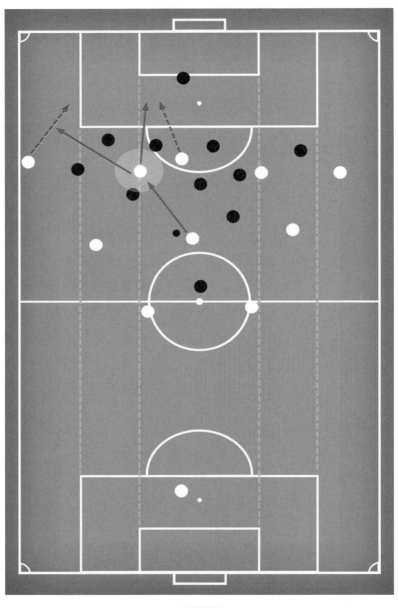

그림 71

또한 우리는 실바가 파이널 써드에서 수행하는 역할을 이해할 필요가 있고, 무엇보다 페널티 에어리어 부근에서의 이뤄지는 그의 역할을 정확히 이해해야만 한다. 실바가 지닌 공간과 각도에 대한 지능적 이해야말로 맨체스터 시티의 최종 패스 내지 최종 패스 직전의 패스 상황들에 있어 그를 팀 내 가장 핵심적인 선수들 중 하나가 되게끔 한 원동력이다.

맨체스터 시티가 얼마나 자주 같은 유형의 골을 터뜨리는가? 지금 이 책을 읽고 있는 독자는 내가 어떤 유형의 골 장면을 의도하고 있는지를 아실 거라 생각한다. 바로 페널티 에어리어를 향해 달려 들어가는 맨체스터 시티 선수에 맞춰 두 명의 상대 수비수들 사이로 볼이 투입되는 장면을 말하는 것이다. 이러한 상황에서 볼 받은 맨체스터 시티 선수는 낮고 빠른 패스를 보내 골문 앞 동료가 가볍게 차 넣어 득점에 성공할 수 있도록 한다. 상대 팀은 이러한 패턴의 위협을 잘 알고 있을 것이나, 아는 것과 맨체스터 시티의 이 움직임을 실제로 막아내는 것은 완전히 별개의 문제다.

맨체스터 시티가 이 패턴을 수행하는 비결 역시 단순하다. 이것은 훈련장에서부터 미리 계획된 움직임이며, 그들은 이러한 볼의 연결을 기술적으로 완벽하게 수행해낸다. 그리고 이러한 장면들에 있어 실바는 그야말로 핵심적인 선수다.

그림 71은 상대가 페널티 에어리어를 방어하고자 깊게 내려서 밀집돼있는 상황이다. 여기서 실바는 하프스페이스와 중앙지역의 경계 선상에 위치하면서 밀집된 블록으로 둘러싸인 좁은 틈새의 공간을 만들고 있다.

볼이 실바에게 투입되면 이제 그의 진가가 한껏 표출되는 시간이다. 실바가 볼을 받자마자 맨체스터 시티 더 앞쪽에 위치한 공격수들이 달리기 시작하는데, 측면공격수는 사선으로 달려 페널티 에어리어로 들어가려하고 중앙공격수도 자신의 마크맨을 따돌리며 들어간다. 그들 모두는 실바가 좁은 공간에서 볼 소유에 성공하면서 수비 라인을 관통하는 스루패스를 넣어줄 수 있음을 알고 있기에 그렇게 하는 것이다.

PEP
GUARDIOLA

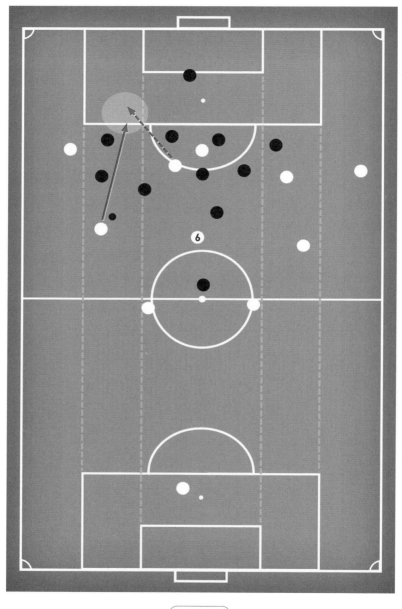

그림 72

우리는 실바가 페널티 에어리어 근방을 관통하는 패스에 있어 중심축 (pivot) 역할을 할 뿐 아니라, 페널티 에어리어를 향해 전체 수비 블록을 돌파하며 공간 침투를 수행할 수 있는 선수임을 알고 있다.

그림 72에서 이러한 상황을 목격할 수 있다. 레프트백으로 뛰는 라포르트가 하프스페이스에서 '6번'과 동일한 라인에 위치하고 있다. 상대는 낮은 지역에서 밀집 수비를 펼치고 있으며, 실바는 중앙지역에서 중앙공격수 바로 아래쪽에 위치한다. 실바는 볼의 현재 위치에 따라 패스 투입 각도를 판단하여, 두 명의 상대 선수들 사이로 짧지만 날카로운 공간 침투 움직임을 수행한다. 실바의 침투 움직임이야말로 상대의 밀집된 블록을 관통하는 패스를 가능케 하며 이로써 맨체스터 시티는 골 찬스를 노릴 수 있게 된다. 다시 한 번 공간 활용에 대한 실바의 높은 이해가 이러한 장면을 만들어내는데 핵심적 역할을 한다.

맨체스터 시티에게 있어 실바는 리더십과 품성의 견지에서 중요한 선수였다. 뿐만 아니라 공격 단계에서 결과물을 만들어내는 측면에 있어서도 실바는 중요했다. 어쩌면 실바는 그 어떤 선수보다 과르디올라의 게임 모델을 잘 이해하고 구현하는 인물일 것이다. 실바는 상대 팀에 최대의 피해를 입히기 위해 언제, 어떻게 자신을 위치시켜야 하는지를 이해한다. 따라서 실바의 폼이 좋을 때 그를 방어하기란 거의 불가능에 가깝다. 아마도 2019/20 시즌에는 실바의 뛰는 시간이 줄어들겠지만, 설사 그렇다 하더라도 이 스페인 미드필더는 여전히 경기장 안팎에서 맨체스터 시티의 핵심적 부분일 것이다.

Chapter 12
케빈 더 브라위너

최고 레벨의 축구에서는 지나고 나서 되돌아볼 경우 대단한 일들이 존재한다. 퀄리티가 충분치 않은 것처럼 여겨져 클럽이 포기한 선수들이 다른 클럽의 선수가 되어 돌아와 갑자기 자신의 잠재력을 온전히 터뜨리는 일들을 자주 목격하지 않는가? 어쩌면 이런 일들은 셀 수 없을 정도로 많다. 그럼에도 불구하고, 벨기에 대표 미드필더 케빈 더 브라위너가 맨체스터 시티에서 스타덤에 오르게 된 과정만큼 스펙터클한 스토리도 없다.

벨기에 헹크(K.R.C. Genk)의 탁월한 유스 시스템의 산물인 더 브라위너는 어린 시절부터 세대를 대표할 만한 재능으로 손꼽혀왔다. 그는 헹크 유스 시스템을 통해 성장했고, 2010/11시즌 헹크가 벨기에 프로리그를 우승할 당시 이미 성인 팀의 일원이 되어있었다. 헹크가 우승했던 시즌 그는 오른쪽 측면과 중앙을 가리지 않고 좋은 활약을 펼쳤는데, 그가 선보인 퍼포먼스와 창조성은 유럽 정상급 클럽들의 이목을 집중시켰다. 결국 2011/12시즌 1월 이적시장을 통해 더 브라위너의 첼시 입단이 확정됐고, 그는 시즌 남은 기간을 헹크에서 마쳤다.

케빈 더 브라위너

2012/13시즌이 되었을 때 첼시는 더 브라위너를 분데스리가 베르더 브레멘으로 임대했는데, 그는 벨기에 리그보다 높은 레벨에서 훌륭하게 플레이했고 인상적인 시즌을 보냈다. 따라서 당시의 예상으론 더 브라위너가 첼시로 돌아오면 다음 시즌 첼시의 일원으로 더 성장해 나아갈 수 있으리라 여겨졌다.

그러나 더 브라위너는 첼시에서 극소수 경기들에서만 선을 뵈었을 뿐이었다. 당시 첼시의 감독은 조제 무리뉴(Jose Mourinho)였는데, 무리뉴는 지도자 커리어를 통해 유망주들의 경험을 끌어올리고 그들을 발전시키는 작업에 적극적 의지를 발휘한 적이 결코 없다. 무리뉴 재임기 첼시 1군은 이미 자리 잡은 국가대표 선수들이 대부분 채우고 있었고, 무리뉴는 선수들의 기술적 요소 이상으로 피지컬적 요소에 강조점을 두고 선수단을 구축했다. 능력이 부족하지 않더라도 선수들은 경기의 두 가지 요소를 겸비해야만 했고, 그래서 더 브라위너의 자리는 존재하지 않았다.

더 브라위너는 거침없이 노골적으로 말하는 스타일이며 강력한 자기 신념을 지니고 있는 인물이다. 그는 무리뉴에게 도전했다. 더 브라위너는 자신이 왜 뛰지 못하고 있는지, 뛰기 위해 무엇을 해야만 하는지에 관해 답을 듣고 싶어했다. 선수와 감독 간의 관계는 더욱 경직되었고, 무리뉴가 더 브라위너에 관한 질문을 미디어로부터 받았을 때 부드럽게 대처하지 않음으로 인해 둘 사이의 긴장 상태가 외부로까지 표출되기 시작했다.

이러한 일들이 더 브라위너의 출전 시간을 늘리는 결과로 귀결되지 않았음은 전혀 놀랍지 않다. 더 성장하기 위해서는 경기를 뛰어야 한다는 생각에서 결국 더 브라위너는 첼시를 떠나기로 결심했다. 2013/14시즌 1월 이적시장을 통해 그는 다시 분데스리가로 돌아가게 되는데, 이번에는 완전 이적

(permanent transfer)이었다. 볼프스부르크가 그를 £20m의 이적료로 영입했다. 바로 이 시점부터 더 브라위너를 위한 모든 퍼즐 조각들이 잘 맞춰지면서 그는 자신의 잠재성을 확실히 선보이게 된다.

1월에 이적하면서 그는 남은 시즌 동안 새로운 팀에 적응하는 시간을 갖는다. 그리고 2014/15시즌, 그는 새롭고 더 완성된 선수로 등장하게 된다. 더 브라위너는 그 시즌 모든 대회 도합 16골을 터뜨렸고, 믿을 수 없는 수치인 27개의 어시스트를 기록했다. 그 결과 분데스리가 '올해의 선수'까지 거머쥔다.

첼시에서 골치 아픈 존재였던 더 브라위너는 볼프스부르크에서는 젊은 팀을 이끄는 리더로 올라섰다. 그의 이러한 퍼포먼스는 다시 한 번 그를 유럽 최고 클럽들의 관심을 받는 선수로 만들었고, 마침내 맨체스터 시티가 £68m 이적료로써 그를 영입하는 클럽이 되었다. 이로써 더 브라위너는 무리뉴가 그렇게 쉽게 자신을 내보낸 것이 잘못된 일이었음을 증명할 기회를 잡는다.

2016년 과르디올라가 맨체스터 시티 지휘봉을 잡았을 때, 더 브라위너는 이미 맨체스터 시티에서 자리를 잡고 있었고 동시에 그는 유럽 축구 최정상급 젊은 선수들 가운데 한 명으로 간주되고 있었다. 하지만 그럼에도 과르디올라 휘하에서 더 브라위너는 일반의 예상치를 뛰어넘었다. 과르디올라의 지도를 받기 시작하면서 그의 퍼포먼스, 그리고 그가 생산해내는 결과물들은 가히 폭발적인 수준이 되었다.

우리가 앞선 챕터에서 살펴본 바 있듯이, 과르디올라 휘하에서 두 명의 '8번' 미드필더들은 볼 소유 시 전통적 '10번'의 역할까지 담당하는 하이브리드(hybrid) 스타일로 운용된다. 더 브라위너는 주로 오른쪽에 위치하는 8

번으로 활용되었다. 더 브라위너의 왼쪽 파트너로 주로 기용되는 다비드 실바가 왼쪽 하프스페이스를 점유하려는 경향이 좀 더 짙은 반면, 더 브라위너는 하프스페이스 뿐 아니라 오른쪽 측면 공간이나 중앙지역을 활용하는 보다 기동성 있는 옵션이다. 그의 능력과 패스 범위는 아마도 세계 최고 수준일 것이다. 더 브라위너는 측면 공간에서 휘어드는 스루패스(curved through balls)로 어시스트를 공급함에 있어 편안하다. 또한 중앙 지역을 치고 올라가 상대 페널티 에어리어 부근에서 동료들과 연계 플레이를 펼치는 것에도 마찬가지로 편안하다.

　매우 일반적으로, 맨체스터 시티가 수비에서 공격으로 빠르게 전환할 때 더 브라위너가 리더가 되곤 한다. 그는 맨체스터 시티 진영에서 상대 진영으로 볼을 갖고 전진하는 일에 매우 강하다. 볼을 지니고서 질주할 수 있는 더 브라위너의 능력은 이러한 역습 단계에서 상대가 적절한 수비를 펼치는 것을 매우 어렵게 만든다.

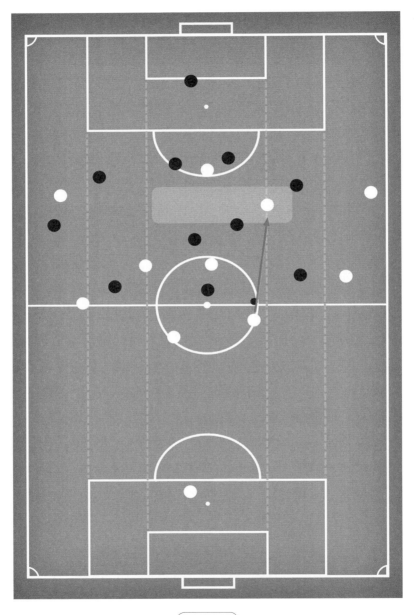

그림 73

바로 지난 챕터에서 우리는 왼쪽 '8번' 다비드 실바에 의해 행해지는 움직임의 유형들을 살펴보았다. 더 브라위너가 고조의 컨디션일 때 그는 약간 다른 방식을 취한다. 실바가 하프스페이스와 측면지역을 선호하는 반면, 더 브라위너는 중앙지역, 오른쪽 하프스페이스, 오른쪽 측면을 가로지르며 공간을 점유한다. 또한 우리는 공격 단계에서 선수들이 위치를 잡을 때 고려해야만 하는 과르디올라의 기준들에 관해서도 논의한 바 있다. 다름 아닌 '볼'의 위치, '동료들'의 위치, 다음으로 '상대 선수들'의 위치다. 파이널 써드 부근에서 공간을 들락거리는 더 브라위너의 움직임도 이 기준들에 의해 설명이 된다.

그림 73을 보면 맨체스터 시티 오른쪽 센터백이 볼을 지니고 있다. 오른쪽 측면공격수는 터치라인 가까이에 위치하는 까닭에, 더 브라위너는 중앙 또는 하프스페이스에 위치하려 든다. 이 위치선정의 목적은 더 브라위너와 오른쪽 측면공격수 사이에 존재하는 상대 선수를 불확실성의 영역에 가두는(caught in no-man's land) 것이다. 만약 상대가 측면을 막고자 이동하면 더 브라위너가 플레이할 공간이 더 확장된다. 만약 그가 더 브라위너를 커버하기 위해 좁혀 들어오면 후방에서 측면으로 패스하기가 한결 자유로워진다. 파이널 써드에서 수행되는 수많은 움직임과 위치선정은 상대 선수에게 이와 같은 결정을 강요하기 위한 방식으로 계획되는 것이다.

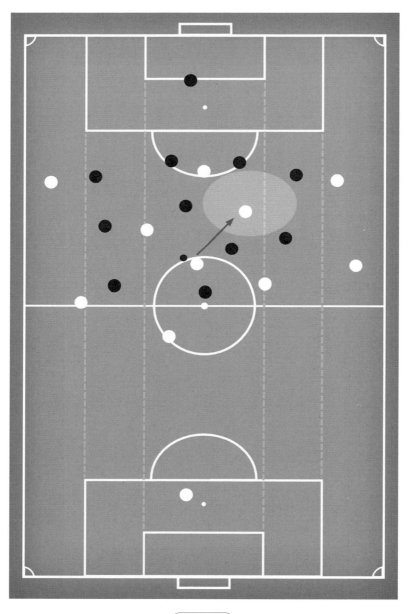

그림 74

226

그림 74에서도 비슷한 상황을 확인할 수 있는데 맨체스터 시티가 볼을 갖고 파이널 써드 진입을 노리는 상황이다. 이번에는 볼과 상대의 위치에 따라 더 브라위너가 볼을 받기 위해 오른쪽 하프 스페이스로부터 중앙 지역으로 들어온다. 더 브라위너에게 볼이 전달될 때, 그는 다섯 명의 상대 선수들로 둘러싸인 사이 공간에 존재하게 된다. 그러면 이 선수들은 압박에 나설 것인지 수비 형태를 유지하며 내려설 것인지를 선택해야 할 것이다.

여기서 다시 한 번 우리는 더 브라위너의 위치선정 및 간단한 패스로써 상대를 안전지대로부터 벗어나게끔 강요함을 목격한다. 상대 수비수들은 선택의 상황을 맞이하게 되는데, 그 선택의 영향이 맨체스터 시티가 페널티 에어리어로 플레이를 전개시킬 수 있느냐 없느냐의 차이를 만들어낼 수 있다.

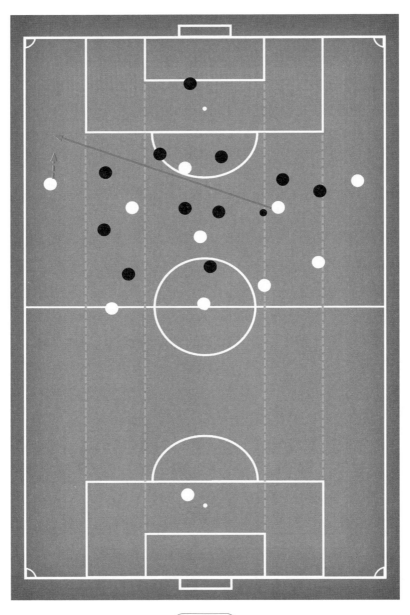

그림 75

상대 팀들이 더 브라위너를 수비하는데 문제를 겪는 이유는 이 선수가 다양한 방식으로 상대를 파괴하기 때문이다. 만약 상대가 더 브라위너를 압박하면, 그는 1대1을 통해 혹은 동료와의 빠른 콤비네이션을 통해 압박을 벗어날 수 있다. 수비수가 압박하지 않고 공간을 허용하게 되면, 더 브라위너는 아마도 축구계에서 최고로 인상적일 법한 중장거리 패스 능력을 발휘할 수 있다. 볼 중심 압박이 없을 경우, 이 벨기에 미드필더는 상대 수비 구조 내의 공간을 간단하게 확인하고 그것을 활용할 수 있는 아주 좋은 찬스를 맞이하게 된다.

이러한 사례를 그림 75에서 볼 수 있다. 더 브라위너가 오른쪽 하프스페이스에서 볼을 지닐 때, 상대는 내려서서 더 브라위너가 페널티 에어리어로 볼을 투입하기 위해 필요한 공간을 내주지 않으려 한다. 하지만, 압박을 당하지 않는 더 브라위너는 반대편 측면의 공간을 확인할 시간을 가질 수 있고, 상대 수비 라인을 가로질러 빠르게 뻗어 나아가는 드리븐 패스(driven pass)를 이 공간으로 보낼 수 있다.

더 브라위너는 경기장을 가로지르거나 전방을 향한 스루패스 길을 통해 구사되는 드리븐 패스에 있어 스페셜리스트라 할 만하다. 더 브라위너의 예외적으로 탁월한 패스 범위를 가능케 하는 가장 중요한 기반은 볼에 임팩트를 가하는 그의 테크닉이다. 그 뛰어난 테크닉은 더 브라위너에 의해 플레이 방향이 전환(switching the play)될 때 확연히 목격할 수 있는데, 더 브라위너의 패스는 거리(length)가 완벽할 뿐 아니라 볼에 가하는 하중(weight), 스핀(spin)까지 완벽한 방식으로 이뤄진다.

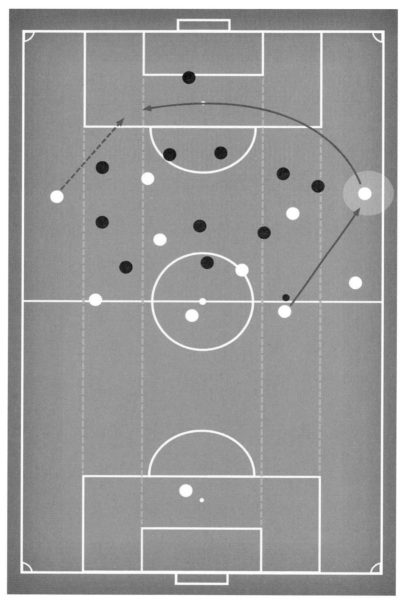

그림 76

더 브라위너가 측면 지역에서 볼을 소유할 때, 그의 패스 범위가 다시 한 번 말을 할 수 있다. 더 브라위너는 페널티 에어리어를 향해 뻗어 나아가는 드리븐 패스(driven pass)나 감아 차는 휩트 패스(whipped pass)에 있어 모두 탁월한 능력을 보여준다. 이러한 패스들의 의도는 더 브라위너가 보다 붐비는 중앙지역에서 볼을 잡는 경우 우리가 살펴본 것과 사실상 동일하다. 볼을 공간으로 보내고 이번에는 골문 앞으로 움직이는 동료 선수가 그 볼을 받아 득점 찬스를 맞이하게 하기 위함이다.

이것을 그림 76에서 확인할 수 있다. 볼이 측면지역에 위치하는 더 브라위너에게 패스되었다. 그가 볼을 소유하고 있을 때, 상대 팀이 직면하는 직접적 위협이 그렇게까지 크지는 않은 것처럼 보이기도 한다. 왜냐하면 맨체스터 시티 중앙공격수와 왼쪽 측면공격수가 비교적 내려와 위치하는 까닭이다.

바로 이 대목에서 더 브라위너가 구사하는 패스의 퀄리티가 상황을 급변시킨다. 그는 수비 라인 뒷공간으로 스핀과 커브를 그리는 강한 패스를 보낼 수 있다. 더 브라위너가 측면에서 볼을 받자마자 왼쪽 측면공격수 자네가 달리기 시작한다. 자네는 페널티 에어리어 안에서 볼을 받아 손쉬운 골 찬스를 획득할 목적으로 수비 라인 뒤쪽으로 침투해 들어가는 것이다.

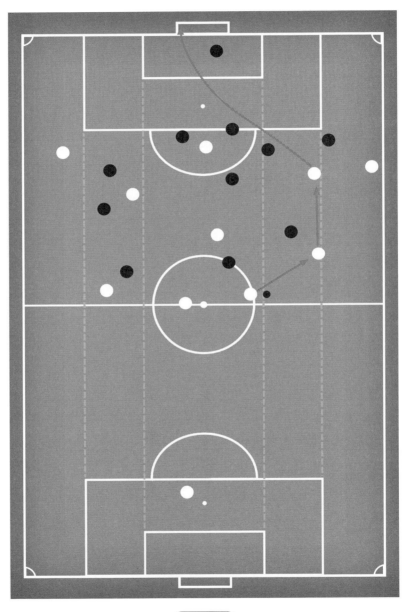

그림 77

이미 강조했듯 더 브라위너는 볼에 임팩트를 가하는 기술이 뛰어나며, 이는 맨체스터 시티에 커다란 유익함을 가져다준다. 패스에 그치지 않고 더 브라위너는 골문을 직접 겨냥하는 중거리 슈팅으로 상대를 위협한다. 특히 페널티 에어리어 모서리 부근에서 그러하다.

그러나 이 공격 지역에서 더 브라위너가 영향력을 행사하기 위해서는, 맨체스터 시티가 연관된 전술적 구조를 잘 구축해 그가 사이 공간에서 볼을 잡을 수 있는 상황을 만들어야 한다. 그림 77에서 이러한 예를 확인할 수 있다. 우선 더 브라위너는 볼을 잡을 때 하프스페이스에, 측면공격수는 터치라인 부근에 위치한다. 더 브라위너와 측면공격수 사이에서 결정의 기로에 놓인 상대 수비수를 주목할 필요가 있다. 그는 더 브라위너에게 전달되는 패스 길을 커버하기 위해 움직일 수 없는데, 측면공격수의 위협이 도사리고 있는 까닭이다. 볼이 스톤스와 워커를 거쳐 더 브라위너에게 올라오면 그는 공간에서 볼을 소유할 수 있다. 이제, 페널티 에어리어 부근에서 볼을 지닌 더 브라위너는 상대에겐 진정한 위협이 된다. 그는 동료와 콤비네이션 플레이를 할 수도 있고 혹은 수비 라인 배후로 스루패스를 밀어 넣을 수도 있다. 뿐만 아니라, 더 브라위너가 이 지역에서 터뜨리는 중거리포는 극도로 정교하다. 이 그림에서와 같이 공간이 주어진 상황이라면, 그는 반대편 골문을 향해 직접 슈팅을 작렬시킬 수 있다.

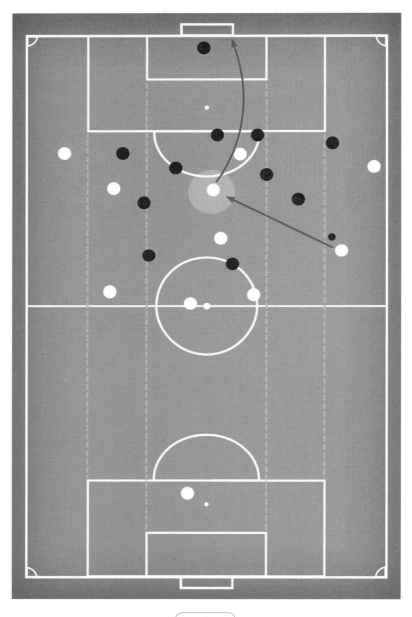

그림 78

그림 78도 유사한 상황을 보여준다. 이번에는 더 브라위너가 중앙지역에서 플레이하는 상황이다. 볼이 라이트백 워커에 의해 더 브라위너에게 투입될 때, 우리는 다시 한 번 그가 사이 공간으로 이동해 볼을 받고 있음을 목격할 수 있다. 볼을 받을 때 더 브라위너는 중앙공격수와 다소 떨어져 위치하는데, 아주 근접한 곳에 그를 압박하는 상대 선수는 존재하지 않는다.

　여기서도 다시 한 번, 더 브라위너에게는 옵션들이 열려있다. 그는 중앙공격수 아구에로와 더불어 콤비네이션을 펼칠 수 있고, 아니면 직접 골문을 향한 슈팅을 시도할 수도 있을 것이다. 이 그림에서 더 브라위너는 페널티 에어리어 외곽에서 슈팅을 선택하여 득점에 성공한다.

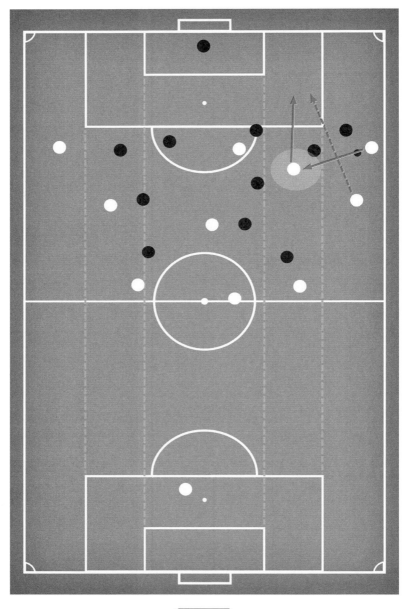

그림 79

마지막 예시는 더 브라위너가 파이널 써드 부근에서 볼을 잡은 후 재빠른 콤비네이션 플레이를 통해 수비 라인 배후로 들어가는 동료에게 볼을 내주는 상황이다.

우리는 이미 이전 챕터에서 과르디올라에 의해 장착된 맨체스터 시티 게임 모델의 중심적인 컨셉이 '과밀화(overloads)'임을 알아본 바 있다. 이번 예시에서 이 컨셉이 다시 한 번 말을 한다. 베르나르두 실바가 오른쪽 측면에 있고 워커가 측면 아래쪽에 위치한다. 이들은 더 브라위너와 콤비네이션을 이루며 과밀화를 만들어내고 따라서 맨체스터 시티는 상대 팀 두 명의 수비보다 수적 우위를 지니게 된다.

볼이 베르나르두 실바로부터 안쪽에 위치한 더 브라위너에게 이동할 때 상대 수비수들은 별로 움직이지 않으면서 그들 앞에 있는 맨체스터 시티 선수들의 위협을 방어하고자 한다. 이 대목에서 타이밍을 기다렸던 워커가 두명 수비 사이를 통해 침투하게 되며, 더 브라위너는 스루패스를 찔러 워커가 수비 뒷공간에서 볼을 잡을 수 있게끔 한다. 이 빠른 콤비네이션 플레이는 단 몇 초 내로 일어나지만 굉장히 효율적이다.

우리가 맨체스터 시티 스쿼드를 전체적으로 살펴 볼 때, 우리는 그들의 스쿼드가 어느 정도 유사한 선수들을 포함하고 있음을 발견한다. 스털링과 마레즈가 그러하고, 스톤스와 오타멘디가 그러하다. 물론 이들을 바꿔 기용했을 때 결과물이 달라질 수 있으나, 그렇다고 그 퀄리티 차이가 심대한 수준은 아니다. 하지만 더 브라위너의 경우에는 이야기가 다르다. 더 브라위너의 플레이 목록은 다른 선수들과 구별되는 특별함이 있고, 그래서 그는 과르디올라의 팀에서 높은 가치를 지니게 된다.

파이널 써드에서의 창조적 능력과 킥 능력을 통한 위협까지 겸비한 더 브라워너는 상대 입장에서 수비하기가 극도로 까다로운 선수다. 2018/19시즌 그는 부상으로 인해 출전시간이 상당히 줄어들었다. 만약 맨체스터 시티가 챔피언스리그 우승 및 트레블로 나아가려 한다면, 이 벨기에 대표 선수가 반드시 좋은 몸 상태를 꾸준히 유지하며 팀의 핵심 역할을 수행해줘야 할 것이다.

PEP
GUARDIOLA

Chapter 13
리로이 자네

유소년 선수를 육성함에 있어, 때때로 어떤 어린 선수들은 프로에서 성공하는 것이 미리 정해져 있는 것처럼 보이는 경우들이 있다. 어쩌면 맨체스터 시티의 독일 대표 윙어 자네가 이러한 경우에 해당한다(감수자 주: 자네는 궁극적으로는 맨체스터 시티와 끝까지 좋은 관계를 유지하지 못했고, 2020/21시즌부터는 분데스리가 거함 바이에른 뮌헨으로 이적해 활약 중이다). 그의 아버지 술리만 자네(Souleymane Sane)는 전 세네갈 국가대표 축구선수였고, 어머니 레지나 베버(Regina Weber)는 독일의 전 올림픽 리듬체조 대표 선수였다. 자네의 두 형제는 자네만큼 높은 레벨은 아니더라도 역시 프로축구 선수로 활동한다. 이러한 사실을 모두 고려할 때, 자네의 커리어가 탄탄대로 위에 놓이는 것은 꽤나 예상가능한 일이다.

자네는 꼬마 시절 아버지의 전 소속팀 바텐샤이트 09(SG Wattenscheid 09)에서 축구를 시작했지만, 커다란 잠재력을 빠르게 인정받아 샬케 04가 그 소년을 영입하게 된다. 샬케는 독일 루르(Ruhr) 지역에서 가장 잘 확립된 유스 시스템을 지니고 있는 클럽이다. 이 시점부터 자네가 비교적 직선적으로 성장했으리라 생각할 수 있는데, 선수 본인의 재능과 샬케의 교육 및 시설이 조화를 이루면 자네가 샬케 1군 선수를 향해 성장해 나아가는 것이 자연스러워 보이는 까닭이다.

그러나 자네는 샬케를 떠나 레버쿠젠 유스에 합류하게 되고 레버쿠젠에서 3년을 보낸 후 2011년 다시 샬케로 돌아왔다. 그리고 2016년에 이르러 자네는 £46.5m 이적료로 맨체스터 시티 유니폼을 입게 된다. 맨체스터 시티에 도착하자마자 그는 즉각적으로 커다란 영향력을 행사하게 되는데, 그의 스피드와 밸런스, 기술적 역량의 조합은 상대 팀 수비에게 제어하기 어려운 골칫거리를 안겨주었다.

때로 자네는 팀에서 다루기 힘든 성품의 소유자라는 인상을 풍기기도 하는데, 예를 들어 그가 2018 월드컵 독일 국가대표 팀에서 제외됐을 적에 그러했고, 더 어린 시절 커리어를 통해서도 이러한 조짐을 느낄 수 있다. 이는 자네가 2018/19시즌 맨체스터 시티에서 출전 시간 확보에 어려움을 겪기 시작하는 이유를 어느 정도 설명해주기도 한다. 과르디올라가 자네의 태도를 별로 좋아하지 않는다는 인상은 분명 존재했다.

하지만 이러한 이슈들을 제외한다면, 자네가 놀라운 재능을 지녔고 매우 효율적인 선수라는 것은 분명하다. 거의 주로 왼쪽 날개로 활약하면서 최고조의 폼일 경우 그는 공격에 있어 회오리바람을 일으키는 선수다. 자네는 그의 기민한 질주를 통해 파이널 써드를 돌파해 들어가고 페널티 에어리어를 위협한다.

2017/18시즌 자네는 프리미어리그에서만 10골 13어시스트를 기록했다. 2018/19시즌에는 10골 8어시스트로 어시스트 수치가 다소 줄었지만, 이는 퍼포먼스가 떨어진 결과라기보다는 출전 시간 감소에 의한 결과의 성격이

짙다. 2017/18시즌 자네는 프리미어리그에서 2,615분을 뛰었지만 2018/19 시즌에는 1,984분에 그쳤다. 출전 시간이 631분 줄어든 것인데 다시 말해 직전 시즌에 비해 7경기를 뛰지 않은 셈이다.

이러한 수치를 원초적으로 살펴볼 때 자네가 2018/19시즌에 이르러 공격적 위협도가 덜해졌다고 평가하기란 어렵다. 7경기 덜 뛰고서 어시스트만 다소 줄었기 때문이다. 따라서 이에 대한 논리적인 설명은 무언가 '다른 이슈'가 있었기에 자네의 출전 시간이 유의미하게 줄어들었다는 것일 게다. 왼쪽 측면공격 위치에 스털링이나 가브리엘 제주스(Gabriel Jesus) 같은 선수들이 자네보다 더 선호되는 경우들이 있었는데, 스털링은 오른쪽 측면이나 중앙이 더 편안하고 제주스는 중앙공격수가 자연스러운 선수임을 고려하면 이러한 설명이 더욱 그럴듯해진다.

그럼에도 자네가 맨체스터 시티에 입단한 이후 더 발전하고 향상되었다는 것은 의심의 여지가 없다. 이전에 자네는 수비수들을 물리치고 수비 라인 뒤쪽으로 돌파해 들어가기 위해 그의 폭발적 스피드에 의존하는 선수였다. 그러나 과르디올라 휘하에서 자네는 페널티 에어리어 부근 좁은 공간에서 빠른 콤비네이션 플레이를 펼치는 능력 뿐 아니라 공간에 대한 이해와 활용에 있어서까지 가시적인 발전을 이루었다. 컨디션이 좋고 자신감이 넘치는 자네는 극도로 위협적인 공격자원이다. 그는 강력하고 정확한 슈팅을 터뜨릴 수 있고 프리킥을 처리하는 능력도 보유했다. 우리는 2018/19시즌 챔피언스리그에서 자네가 친정 클럽 샬케를 상대로 멋진 프리킥 동점골을 작렬시킴으로써 맨체스터 시티가 샬케를 극복하는데 공헌하는 것을 목격했다. 빠르고 직선적인 자네는 맨체스터 시티가 골키퍼 에데르송으로부터 시작하는 빠른 역습을 전개할 적에 특히 핵심 요소가 된다.

리로이 자네

이 책의 집필 시점인 2018/19시즌 말미에, 자네의 상황은 여러 가지 부정적인 이야기들로 둘러싸여 있다. 근자에 이르러 자네에게는 좋지 않은 일들이 많았다. 자네는 2018 러시아 월드컵 스쿼드에서 배제됐는데, 결과론적으로 보면 독일 대표 팀은 자네 같은 측면 자원이 분명 필요했었다. 이후 그는 맨체스터 시티에서 꾸준한 출전 기회를 얻는데 어려움을 겪기 시작했다. 이제 많은 사람들은 자네가 다시 독일 클럽으로 이적할 것이라 예상하고 있다. 더불어 맨체스터 시티의 팬들은 자네를 이적시킨다면 이에 상응하는 레벨의 측면 자원을 새로이 영입하리라 기대할 것이다(감수자 주: 2020/21시즌을 앞두고 맨체스터 시티는 발렌시아의 페란 토레스를 영입했다. 하지만 페란 또한 오래지 않아 바르셀로나로 이적하게 된다).

자네를 맨체스터 시티 스쿼드에서 제외한다고 가정해보자. 그리고 두 시즌 동안 그가 터뜨린 골과 어시스트를 비롯한 분석적 자료들을 고려해보자. 그러면 맨체스터 시티 클럽 및 팬들이 자네의 공백을 채워줄 만한 선수를 영입하는 일에 극도의 관심을 지닐 수밖에 없음이 자명하다. 어쩌면 맨체스터 시티에게 최선은 자네를 그대로 보유하는 것일는지도 모른다. 이 경우 새로운 윙어에게 맨체스터 시티가 요구하는 전술적 정보들을 장착하기 위해 소비되는 시간을 절약할 수 있을 법한 까닭이다. 사실상 자네는 맨체스터 시티 시스템에서 그에게 요구되는 바를 이미 충족시키고 있는 선수다.

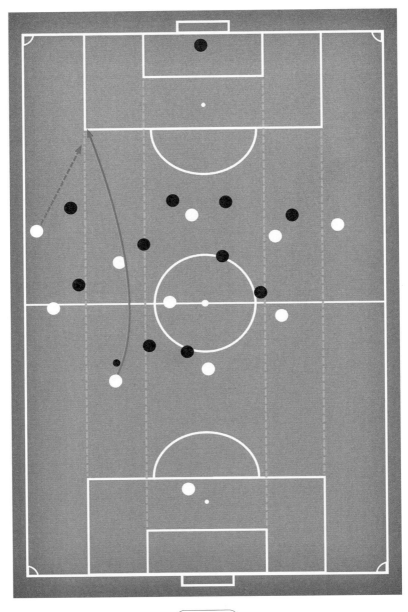

그림 80

의심의 여지없이, 측면 윙어 자네가 공간으로 가속을 하며 침투하는 것은 상대에게 극도의 위협으로 다가온다. 10~20m 거리를 달려 들어가는 속도에 있어 자네에 필적할 선수는 세계 축구계에 그리 흔치 않다. 맨체스터 시티는 신속한 전환을 시도할 때 측면지역에서 자네의 스피드를 활용하는 것을 노리고, 이는 자네가 팀을 위한 옵션을 제공하고 있음을 의미한다.

그림 80이 이를 보여준다. 맨체스터 시티가 자기 진영에서 볼 소유권을 되찾았을 때의 모습이다. 상대가 다이렉트 패스로 맨체스터 시티 수비 조직을 흔들고자 했으나 오히려 턴오버(turnover)를 일으켰다. 여기서 상대 팀의 구조와 형태를 보면, 다소간 높은 지역으로 밀고 올라온 상황이다. 상대가 공격적인 구조를 만들기 시작했을 때 라포르트가 볼을 획득했고, 라포르트는 이 볼을 상대 팀 라이트백과 센터백 사이 채널을 관통하는 패스를 구사한다.

여기서 자네는 아주 짧은 순간 뒤쪽에 머무르다 질주를 시작할 수 있는데, 이는 자네를 방어하는 상대 팀들에게 문제를 발생시킨다. 자네는 상대 수비수보다 한두 발짝 뒤에서 출발하더라도 골문을 향해 질주하며 어렵잖게 상대를 앞지를 수 있으리만치 빠르다.

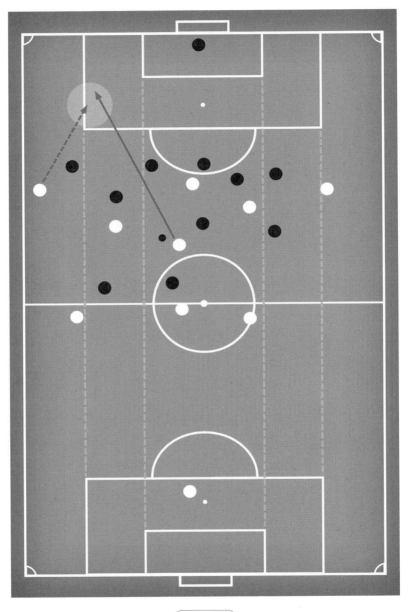

그림 81

그림 81에서도 비슷한 상황을 확인할 수 있다. 이번에는 중원지역의 페르난지뉴에게 볼이 있다. 그리고 맨체스터 시티가 지속적인 소유권을 지니고 있는 상황이다. 따라서 맨체스터 시티는 공격 구조를 갖추는 위치를 점하고 있고, 상대는 비교적 밀집된 수비 블록을 형성한다.

　왼쪽 측면에 위치하는 자네를 보자. 그는 와이드하게 위치하면서 자신을 마크하는 상대 수비수와 5야드(4.572m) 정도 거리를 두고 있다. 수비수의 이러한 위치선정에도 불구하고 패스는 수비 뒷공간으로 들어갈 것이다. 이때 수비수는 자네에 비해 위치 상 어드밴티지를 지니고 있지만, 그들이 페널티 에어리어로 달려 들어갈 적에 먼저 볼에 도달하는 쪽은 자네임을 목격하게 된다.

　자네 이외에도 맨체스터 시티에는 스털링과 같이 빠른 스피드를 보유한 선수가 존재한다. 반면에 맨체스터 시티가 보유한 다른 측면 자원들은 상대적으로 덜 빠르다. 베르나르두 실바, 제주스, 마레즈 같은 선수들은 다른 강점들을 갖고 있으나, 그 누구도 자네만큼의 순속(sheer speed)을 지니고 있지 않다.

　맨체스터 시티의 전체적 전술 구조에 있어, 자네와 같은 방식으로 수비 라인 배후를 위협할 수 있는 선수를 보유한다는 것은 중요한 의미가 있다. 상대 팀이 중원지역 공간을 축소시키기 위해 그들의 수비 라인을 높게 끌어올려 압박하기가 어려워지는 까닭이다. 대신에 상대 수비 라인은 깊숙이 내려설 수밖에 없는데 이는 맨체스터 시티 선수들, 특히 두 명의 '8번'들이 활용할 보다 넓은 공간을 만들게 된다.

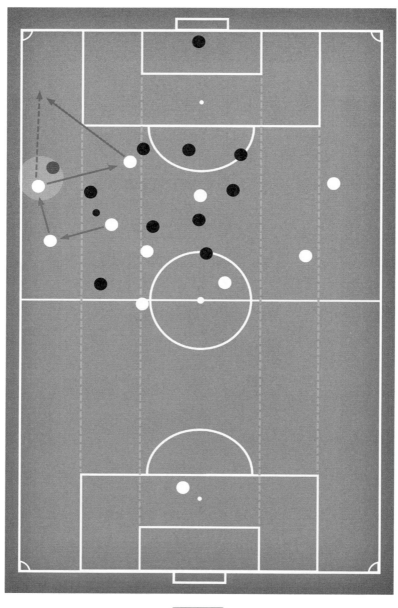

그림 82

자네의 스피드는 맨체스터 시티가 파이널 써드 부근에서 보다 짧은 패스들에 의한 콤비네이션을 만들 적에도 활용된다. 우리는 이미 맨체스터 시티가 같은 유형의 골을 끊임없이 반복해 터뜨린다는 점을 살펴보았다. 패스가 상대 수비 라인을 관통해 뒤로 투입되고, 측면공격수가 돌아 뛰며 볼을 받아 페널티 에어리어로 달려들면서 궁극적으로 골문 앞 동료를 향해 패스를 내주는 방식이다. 몇 번이고 반복해 이러한 움직임을 수행하는 주인공이 바로 자네다.

그림 82는 수비 라인 배후에서 자네의 스피드를 활용하기 위해 맨체스터 시티가 엮어내는 콤비네이션의 유형을 보여준다. 볼이 하프스페이스에 있는 다비드 실바로부터 순환되기 시작한다. 실바가 레프트백 멘디에게 볼을 내주고 멘디는 자네에게 전진 패스를 한다. 이때 상대 라이트백이 자네를 타이트하게 막고 있지만, 자네와 아구에로의 간단한 원투 플레이(simple one-two)를 통해 자네가 침투하는 곳을 향한 스루 패스를 만들어낼 수 있다.

이러한 패스 콤비네이션은 다름 아닌 '과밀화(overloads)' 컨셉을 활용하는 것이다. 이 지역에서 수비에 참여한 상대 선수들은 두 명에 불과해 맨체스터 시티가 만들어낸 과밀화에 대적하는 것이 불가능하다. 이 콤비네이션이 스피디하게 시행되는 까닭에, 상대 팀이 과부하 걸린 수비수들을 돕기 위해 순간적으로 인원을 보충하기란 매우 어렵다.

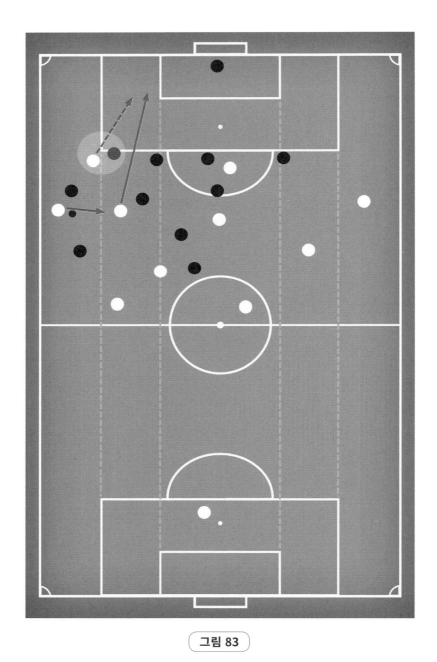

그림 83

그림 83 역시 유사한 상황이다. 여기서도 상대 수비 라인 뒷공간으로 달려 가는 자네에게 스루패스가 연결되는 것으로 마무리되는 콤비네이션을 보 여준다. 이번 콤비네이션의 시퀀스는 좀 더 짧다. 볼이 레프트백 진첸코로 부터 하프스페이스의 다비드 실바에게 연결된다. 그러면 실바는 상대 라이 트백과 오른쪽 센터백 사이 채널을 통해 간결한 스루 패스를 찌를 수 있고, 이를 통해 배후로 들어가는 자네를 활용할 수 있다.

맨체스터 시티가 게임 모델에서 사용하는 많은 다른 컨셉들처럼, 이러한 콤비네이션 패스들은 비교적 단순하다. 그런데 왜 상대는 맨체스터 시티를 막기가 어려울까? 그 원인의 가장 큰 부분은 바로 맨체스터 시티가 플레이 하는 '템포'다.

페널티 에어리어 모서리 부근에서 일어나는 맨체스터 시티의 콤비네이션 들은 열려있는 공간들을 활용하는 일련의 짧고 예리한 패스로써 빠르게 시 행되는 경향이 있다. 하지만 콤비네이션이 일어나는 지역에 이르기까지는 우리는 종종 맨체스터 시티가 보다 느린 패스 시퀀스를 시행하며 게임의 속 도를 의도적으로 늦추는 것을 본다. 그리고나서 템포를 다시 높이는 것이다.

이러한 템포 변화(changes of tempo)는 상대가 안전한 수비를 위해 자 기 자리에만 머무르지 못하게 하는 의도를 담고 있으며, 또한 높은 지역에 도달해 템포를 끌어올림으로써 상대의 밸런스를 무너뜨리려는 목적을 지 니고 있다.

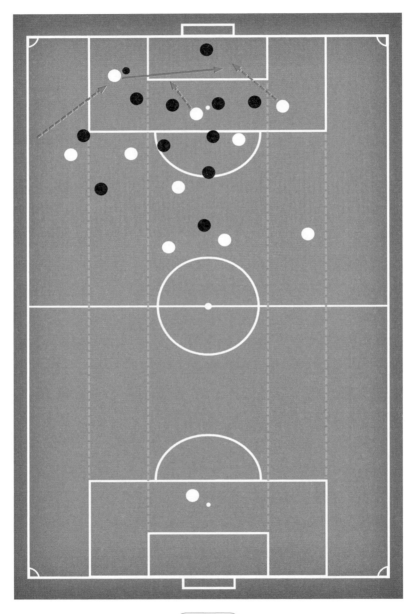

그림 84

자네가 자기 자신이나 동료의 득점 찬스를 만들어내는 위치로 들어가기 위해 측면 공간을 사용하는 방식에 관해서는 이미 앞에서 살펴보았다. 여기서 자네가 선보이는 스피드에만 초점을 맞추기가 쉬운데, 공격 지역에서 발휘되는 그의 볼 처리 능력 또한 간과하지 말아야 한다. 자네는 골문과 대각선 각도에서 상대 골키퍼를 가로지르는 낮고 강한 슈팅으로 득점할 수 있는 능력 있는 골잡이(a capable goalscorer)다. 또, 그는 슈팅 각도와 패스 경로들을 이해할 뿐 아니라 파이널 써드에서 자신감이 넘친다.

그림 84에서도 우리가 수차례 논의했던 유형의 움직임을 확인할 수 있다. 자네가 상대 수비 라인 뒤쪽에서 볼을 잡고 들어갈 때 상대는 그의 스피드와 힘을 제어하기 어렵다. 여기서 우리는 자네가 골문을 향해 직접 슈팅을 터뜨리는 장면을 목격하기도 하지만, 그보다 더욱 빈번하게 자네는 볼을 패스할 수 있는 동료를 찾으려 한다. 과르디올라의 선수들은 이러한 패스 연결에 의해 상대를 완전히 무기력하게 만들며 골을 잡아냄으로써 진정한 쾌감을 얻는 것처럼 보이기까지 한다. 자네가 수비 라인 뒤쪽에서 볼을 갖고 있을 때, 중앙공격수는 가까운 쪽 포스트로 달려 들어가는(the near post run) 반면 반대편 측면공격수는 사선 각을 그리면서 먼 쪽 포스트(the far post)를 공략해 들어온다.

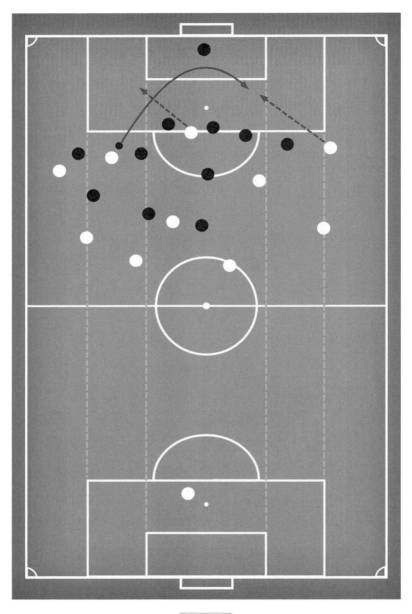

그림 85

자네와 같이 스피드 빠른 선수가 공격 라인에 존재할 때 얻을 수 있는 이점들 중 하나는 상대에게 공포감을 심어줄 수 있다는 것이다. 측면지역에서의 이러한 스피드는 상대 수비 라인을 내려서게끔 만들고 이로 인해 맨체스터 시티가 활용할 수 있는 중원지역 공간이 열린다는 사실을 이미 언급한 바 있다. 자네가 수비 라인을 앞에 두고 파이널 써드에서 볼을 소유할 때에도 마찬가지 원리가 적용된다.

이전 챕터에서 언급했던 더 브라위너 이야기로 잠깐 돌아가 보면, 상대 선수들은 더 브라위너를 상대할 때 언제 타이트하게 압박하고 언제 물러서야 할지를 결정하기가 매우 어렵다. 자네가 볼을 잡을 때에도 유사한 불확실성이 엄습한다. 타이트하게 압박을 가하면 자네는 1대1 혹은 빠른 콤비네이션 플레이를 통해 수비를 제쳐버릴 위험성이 존재한다. 압박하지 않고 물러서 수비 위치를 유지하면, 자네는 통상 과소평가되기 쉬운 그의 정확한 패스 능력을 발휘한다.

예를 들어, 그림 85에서 자네가 볼을 갖고 페널티 에어리어 외곽에 위치한다. 상대 수비수들이 내려앉아 수비 라인을 유지하려 할 때, 자네는 반대편으로부터 수비 라인 뒷공간을 공략해 들어오는 스털링을 향해 넘겨주는 패스를 선택할 수 있다.

2019/20시즌을 앞둔 상황에서 자네가 진짜로 맨체스터 시티를 떠나는 것을 상상하기란 쉽지가 않다. 물론 이러한 예측이 틀릴 수 있다는 것은 잘 알고 있지만 말이다. 스피드와 힘을 겸비했고 마무리 능력도 지닌 선수로서, 외부의 시각에서 볼 때 자네는 과르디올라 휘하의 맨체스터 시티 공격에 완벽하게 부합한다. 심지어 볼을 소유하지 않을 때에조차 그는 상대 팀에 작지 않은 영향력을 행사할 수 있다. 그의 존재는 파이널 써드 전체에 걸쳐 공

간을 창출할 수 있으며, 맨체스터 시티는 그 공간을 무자비하게 활용할 것이다. 이것만으로도 맨체스터 시티가 2019/20시즌을 앞두고 자네를 계속 보유할 충분한 이유가 된다고 생각한다.

PEP
GUARDIOLA

Chapter 14
베르나르두 실바

2008년으로 거슬러 올라가 과르디올라가 바르셀로나 지휘봉을 잡았을 때, 그가 극도로 운이 좋았다는 주장을 하는 사람들이 있다. 과르디올라가 공격 라인의 메시 뿐 아니라 미드필드의 차비 에르난데스와 안드레스 이니에스타(Andres Iniesta)를 물려받았다는 것이 그 주장의 근거를 형성한다. 이러한 견해에 대한 나의 반론은 이 선수들조차 과르디올라의 지도에 힘입어 '적어도 부분적으로' 더 발전할 수 있었다는 것이다.

오해는 하지 말자. 여기서 나는 메시나 이니에스타 같은 선수들이 지도자의 영향이 없었다면 월드클래스 반열에 오르지 못했을 것이라 말하고 있는 게 결코 아니다. 차비의 경우에는 부분적으로 과르디올라가 장착시킨 바르셀로나의 전술적 시스템을 통해 세계 최고의 미드필더가 된 것이 좀 더 분명해 보인다. 어찌됐건 세 명의 선수 모두는 과르디올라 재임기 동안 그의 지도와 교육을 받아 이전보다 더 큰 선수들로 올라섰다.

나는 운 좋게도 2016년 챔피언스리그 경기 때 캄프 누를 방문했는데, 과르디올라와 차비는 이미 바르셀로나에 없었지만 여전히 메시와 이니에스타를 볼 수 있었다. 자연스럽게도 나의 눈은 메시를 계속 따라다녔다. 메시가 볼을 소유하고 상대-이 당시 상대 팀은 아틀레티코 마드리드-를 향해 돌진하는 모습을 기다리면서 말이다. 유감스럽게도 이 날은 아주 드물게도 메시의 폼이 떨어진 날이었다. 대신에 나는 이니에스타가 게임을 움켜쥐고서 아틀레티코 수비 블록을 반복적으로 압도하는 모습을 지켜보는 행운을 누렸다. 실로 놀라웠던 것은 이니에스타가 볼을 잡아 완전히 컨트롤하면서 상대 선수들을 제쳐나가는 것이 마치 '슬로 모션'처럼 보인다는 점이었다. 나는 공간을 그렇게 높은 수준으로 이해하면서 그렇게 잘 활용하는 선수를 본 적이 없다. 진정 이니에스타는 경기장에 있는 모든 선수들과 다른 차원에서 플레이하고 있는 것처럼 느껴졌다.

그런데 다음 시즌 챔피언스리그 경기를 TV로 시청하면서 나는 놀라게 됐다. 젊은 포르투갈 선수 하나가 나의 뇌리에 이니에스타를 닮은 것으로 느껴진 까닭이다. 그가 바로 AS 모나코 소속의 베르나르두 실바였다. 여기서도 오해가 없도록 하기 위해 한 가지 말해두고 싶은 것이 있다. 내가 한 선수가 다른 선수를 닮았다고 여긴다는 것이 내가 두 선수를 직접 비교하고 있다거나 혹은 내가 그 둘이 정확히 똑같다고 믿고 있음을 의미하지는 않는다는 점이다. 그게 아니라, 두 선수들 간 간접 비교를 이끌만한 축구적 요소들이 존재한다는 의미다.

예를 들어, 베르나르두 실바가 상대 수비 블록 사이 좁은 공간에 위치를 잡으면서 동료의 볼을 받을 수 있게끔 길을 만들고 보다 높은 지역에서 공격을 풀어갈 수 있도록 하는 장면들이 목격된다. 이러한 플레이는 이니에스타가 그의 절정기 동안 바르셀로나와 스페인 대표 팀에서 수행하던 방식을 꽤나 연상케 했다. 그래서 2016/17시즌이 끝나고 여름 이적 시장이 열렸을 때, 베르나르두 실바가 £43m 이적료로 맨체스터 시티 유니폼을 입게 되었다는 소식은 내게는 전혀 놀라운 것이 아니었다.

당시 모나코는 챔피언스리그에서 준결승까지 진출하는 기염을 토했는데, 대부분의 찬사가 킬리안 음바페(Kylian Mbappe), 파비뉴(Fabinho), 토마 르마(Thomas Lemar)에게 쏟아졌다. 하지만 베르나르두 실바는 조용하게 팀에 녹아들어 있으면서 감독 레오나르두 자르딤(Leonardo Jardim)의 공격적 게임 모델에 있어 핵심적인 요소로 기능했다.

과르디올라의 첫 시즌인 2016/17시즌, 맨체스터 시티는 프리미어리그를 3위로 마치고 챔피언스리그 8강에서 베르나르두 실바가 뛰는 모나코에 패해 탈락하는 실망스러운 성적표를 받아들었다. 시간 낭비하지 않고 맨체스터 시티 스카우트 부서는 모나코 성공의 기폭제가 누구인지를 특정해냈으며, 베르나르두 실바가 과르디올라의 게임 모델에 완벽하게 부합하는 선수임을 알아차렸다.

맨체스터 시티 입성 후 두 시즌 동안 베르나르두 실바가 거둔 성공은 몇 가지 이유에서 결코 놀랍지 않다. 그는 원래 극도로 효율적인 유스 시스템을 지닌 벤피카 출신이다. 2014년에 이르러 그의 재능을 알아본 모나코가 그를 스카우트하는데, 처음에는 1년 임대 계약이었다. 그런데 이 시기 유럽 축구에서 젊은 선수들에 대한 재능을 알아보는 안목(감수자 주: 이 시기 모나코의 스포츠 디렉터 루이스 캄포스는 이러한 영입과 판매 수완에 있어 전설적 성과를 남긴 인물이다. 이후 그는 릴에서도 뛰어난 수완을 선보인다)에 있어 모나코보다 뛰어난 클럽은 존재하지 않았다. 모나코는 유망주들의 잠재력을 특정하고 그들의 전술적 시스템 내에서 젊은 선수들을 발전시켰다. 모나코 1군 대다수 선수들이 이러한 선수들이었을 정도로 모나코는 그들의 안목으로 키워낸 젊은 선수들을 신뢰했다. 이 시기 모나코는 엄청난 투자를 감행하는 파리 생제르맹을 제치고 프랑스리그를 제패했으며, 챔피언스리그에서는 준결승까지 진출했다. 비록 유벤투스에게 패하기는 했지만 말이다. 베르나르두 실바는 모나코의 성공에 있어 지극히 중요한 요소였으며, 맨체스터 시티에서도 과르디올라에게 필수적인 선수가 되었다. 그가 과르디올라의 전술적 구조 안에서 다양한 포지션을 소화하는 능력을 지니고 있기 때문이다.

　베르나르두 실바는 오른쪽 측면공격수와 오른쪽 '8번' 포지션을 가리지 않고 감독의 요구대로 역할을 수행하는데, 어떤 위치에서도 퀄리티가 떨어지지 않는다. 베르나르두 실바의 2018/19시즌 통계 자료들이 그의 활약도를 잘 말해준다. 그는 모든 대회 도합 16골 14어시스트를 기록하는 기염을 토했다. 그런데 이 선수 또한 단순히 골과 어시스트만으로는 모든 것이 드러나지 않는다. 모든 대회 통틀어 그의 드리블 성공률은 79.7%였다. 어쩌면 가장 괄목할 만한 것은 그가 파이널 써드를 향한 패스 성공률 79.5%, 페널티 에어리어를 향한 패스 성공률 64.4%를 기록했다는 사실이다. 어느 곳에서 플레이하던지 간에, 베르나르두 실바는 공격에 있어 중심점 역할을 수행한다. 그는 위치를 적절히 점유해 패스를 유도하고 페널티 에어리어 부근에서 연계를 만들어내는데, 아무나 할 수 없는 방식으로 그렇게 한다. 특별히 흥미로운 것은, 그가 동료들과 다른 방식으로 이 역할들을 해석한다는 점이다. 오른쪽 측면에 베르나르두 실바를 기용할 때와 스털링을 기용할 때를 비교해보면, 맨체스터 시티는 완전히 다른 팀이 된다. 누가 뛰더라도 퀄리티가 떨어지지는 않지만, 맨체스터 시티의 공격은 전체적으로 완전히 다른 모양, 다른 느낌을 제공한다.

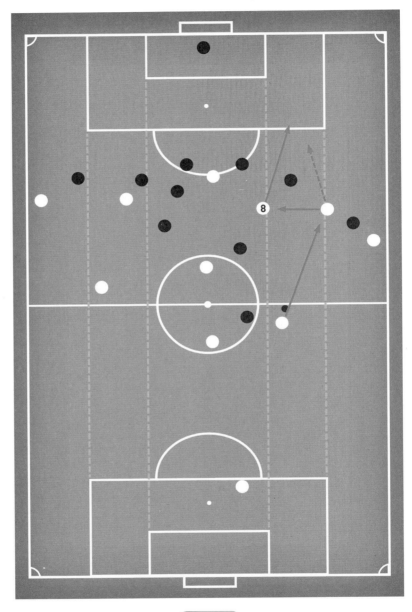

그림 86

베르나르두 실바가 오른쪽 측면에서 뛰는 경우, 측면 위치를 고수하기보다는 하프스페이스 쪽으로 들어와 위치하는 경향이 더 강하다. 베르나르두 실바의 이러한 포지션 체인지는 우리가 이미 자세히 설명해온 '과밀화(overloads)'와 '고립(isolation)' 컨셉을 맨체스터 시티가 활용하려 할 때 명백한 임팩트를 행사하게 된다. 오른쪽 측면에서 맨체스터 시티는 빠른 콤비네이션 플레이를 통해 수비 블록을 통과하려 하는 반면, 반대편에 위치하는 측면공격수는 터치라인 부근 위치를 유지하면서 상대 팀 수비 블록을 넓게 분산시킨다.

그림 86이 이러한 사례 한 가지를 보여준다. 베르나르두 실바가 수비 라인으로부터 패스된 볼을 하프스페이스에서 받은 후 동료와의 콤비네이션을 통해 페널티 에어리어로 침투해 들어가는 장면이다. 여기서의 컨셉은 간단하다. 베르나르두 실바가 볼을 잡을 때 상대 수비 한 명이 그와 '8번' 권도 안 사이에 고립된 상태로 존재한다. 우리는 이미 맨체스터 시티가 고립된 상대 수비수 주변에서 그를 통과하기 위해 이러한 각도를 활용함을 누차 살펴보았다. 그리고 여기서 다시 한 번, 중요한 것은 이 콤비네이션이 빠른 속도로 실행되어야 한다는 점이다.

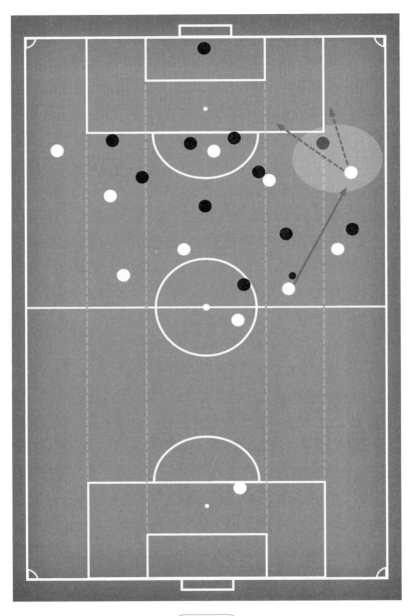

그림 87

베르나르두 실바가 오른쪽 측면에서 플레이할 때 그는 하프스페이스 쪽으로 플레이할 여지를 계속 남기는 경향이 있다. 이렇게 함으로써 그는 맨체스터 시티의 공격 단계에 균형감을 제공한다. 이 포르투갈 출신 선수는 양발을 모두 쓸 줄 안다(감수자 주: 그래도 기본적으로는 '왼발'이 메인이다)는 점에서 축구를 하는 어린 선수들의 롤 모델이라 할 만하다. 이는 그가 오른쪽 측면에서 고립된 상대 수비 한 명과 대치할 때 수비수를 불확실성에 빠지게끔 한다는 의미다.

그림 87에서 베르나르두 실바가 바깥쪽 측면지역에서 볼을 소유한다. 그러면 그는 수비수의 안쪽과 바깥쪽 모든 방향으로 공격을 진행할 수 있는 밸런스와 능력을 지니고 있다. 이는 베르나르두 실바를 수비하는 선수들에게 부담을 안겨줄 뿐 아니라 진퇴양난에 빠지는 상황을 야기한다.

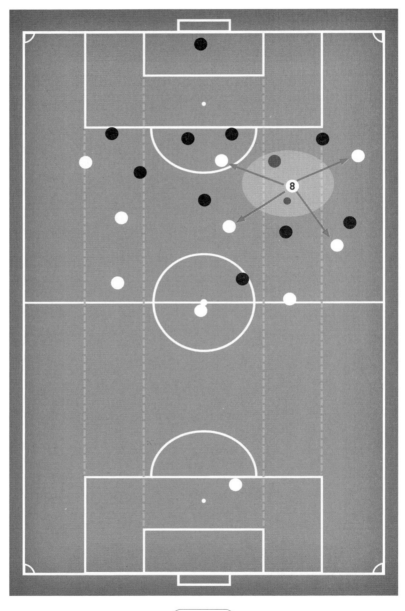

그림 88

베르나르두 실바가 측면공격수 위치에서 플레이할 경우 이 포지션을 해석하는 방식이 다소 유니크한 반면, 그가 '8번' 가운데 한 명으로 플레이할 적에는 이야기가 달라진다. '8번' 위치에서의 그의 플레이는 그와 이름이 비슷한 다비드 실바를 상당히 닮아있다. 베르나르두는 다비드처럼 팀의 전체 공격 구조를 조직화하고 결합시키는 중심축(pivot) 역할을 수행한다.

그림 88에서 베르나르두 실바는 '8번'으로서 하프스페이스에 위치한다. 두 명의 상대 선수들 사이 공간에서 볼을 지닌 베르나르두 실바는 플레이를 진행시키기 위해 그가 선택할 수 있는 네 개의 잠재적 패스 옵션들을 갖고 있다. 그리고 이 네 가지 패스들은 각각 상대 수비 구조에 조금씩 다른 부담을 가하게 된다.

베르나르두 실바와 같이 볼을 배분하는 능력을 지닌 선수는 맨체스터 시티에게 매우 중요하다. 맨체스터 시티가 상대 수비 블록을 깨뜨리기 위한 과밀화를 경기장 곳곳에서 만들어냄에 있어 핵심이 되는 까닭이다.

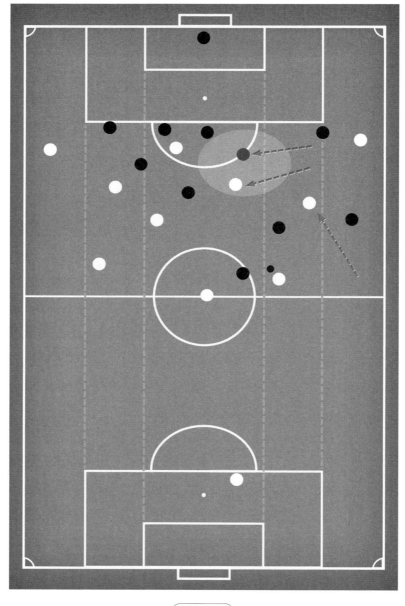

그림 89

때로는 선수의 '오프더볼(off the ball)' 움직임이 '온더볼(on the ball)' 움직임과 꼭 마찬가지로 중요할 수 있다. 이 오프더볼 움직임은 베르나르두 실바가 탁월함을 과시하는 게임의 요소들 가운데 하나다. 그는 어느 공간을 점유해야 하는지를 이해할 뿐 아니라, 다른 동료의 찬스를 창출하기 위해 어느 공간을 비워줘야(empty space) 하는지를 잘 이해하고 있는 선수다. 때때로 이러한 오프더볼 움직임은 낮은 위치에서 높은 위치로 이동하는 것, 측면에서 중앙으로 혹은 그 반대로 이동하는 것 등과 같은 단순한 형태일 수 있다. 이 움직임에 의해 공간이 비워지면, 선수들이 위치를 바꾸면서 그 공간을 점유할 수 있다.

그림 89는 베르나르두 실바가 측면 공간으로부터 중앙지역으로 이동하는 오프더볼 움직임을 보여주고 있다. 그는 볼 없는 상태로 이와 같이 움직이면서 한 명의 상대 수비 자원을 자신에게 끌어당긴다. 그러면 하프스페이스에 공간이 창출되고 이 공간은 라이트백 위치로부터 사선으로 올라온 워커가 차지하게 된다. 이러한 움직임들을 통해 맨체스터 시티는 볼을 높은 지역으로 전진시키는데, 먼저 볼이 베르나르두 실바에게 패스되고 그는 하프스페이스로 침투한 워커에게 볼을 내줌으로써 오른쪽으로 공격 방향을 돌려놓는다.

맨체스터 시티는 매우 다양한 방식으로 상대에게 상처를 입힌다. 그래서 그들을 상대로 수비하는 것은 때로는 거의 불가능한 과업처럼 보이기도 한다. 상대 수비가 자신의 위치를 고수하면서 베르나르두 실바 같은 선수의 오프더볼 움직임을 내버려두기란 쉽지 않다. 하지만 그렇게 수비가 끌려갈 경우, 다른 맨체스터 시티 선수에 의해 활용될 수 있는 공간이 발생하는 것이다.

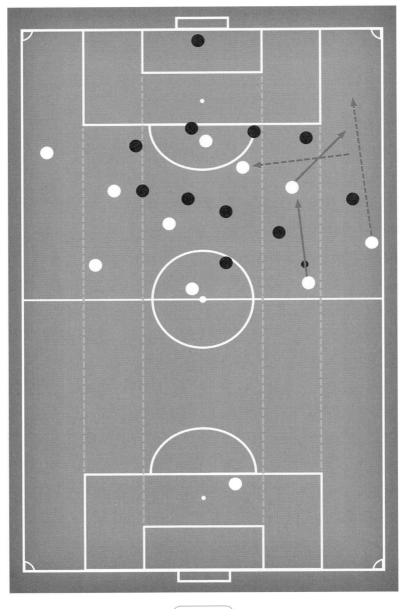

그림 90

그림 90은 베르나르두 실바가 측면으로부터 중앙으로 오프더볼 움직임을 시행하여 상대 수비 라인 앞쪽에 위치하는 상황을 가리킨다. 그러면 맨체스터 시티의 볼은 먼저 하프스페이스로 올라오는데, 이때 측면지역에는 베르나르두 실바가 비워두고 나온 공간이 존재한다. 따라서 라이트백 워커는 이 측면 공간을 활용해 높은 라인까지 전진할 수 있고, 하프스페이스에 위치한 맨체스터 시티 동료로부터 패스를 받을 수 있게 된다.

특히 빅 매치들에서 이러한 '오프더볼' 움직임들이 종종 간과될 수가 있다. 그러나 오프더볼 움직임들이야말로 맨체스터 시티가 깊숙하게 내려서 밀집된 수비 블록을 형성하는 팀을 무너뜨리려 할 때 결정적인 원동력으로 작동할 수 있다.

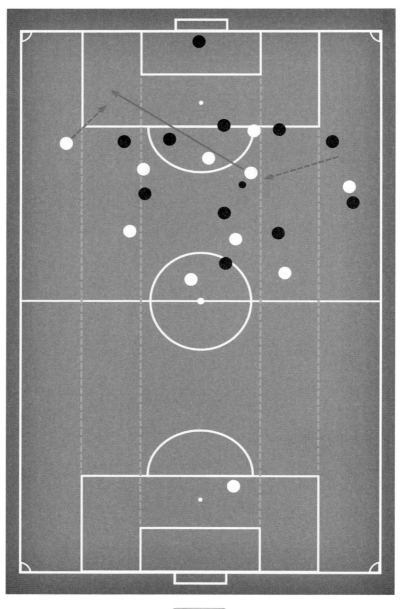

그림 91

최고 속도로 달리면서도 정확한 패스를 공급하는 베르나르두 실바의 시야와 기술적 역량을 고려할 때, 상대 선수가 그에 맞서 플레이하고 수비하기란 여간 어려운 일이 아니다. 그림 91에서 우리는 베르나르두 실바가 볼을 갖고 원래 위치인 측면으로부터 중앙으로 들어오는 모습을 볼 수 있다.

베르나르두 실바는 스피디하게 중앙으로 볼을 갖고 들어가면서도 상대 수비 블록에 존재하는 공간을 확인할 수 있는 시야와 능력을 지니고 있다. 또한 그는 중앙으로 가로지르는 드리블에 이어 그 공간으로 침투하는 제주스에게 적절한 패스를 투입할 수 있다. 이 패스로 인해 제주스는 페널티 에어리어로 진입하며 노마크 상태를 맞이하게 된다.

이러한 움직임들을 상대 팀이 예측하기란 지극히 어려운 일이다. 만약 상대 수비가 볼을 갖고 안쪽으로 들어오는 베르나르두 실바를 막기 위해 수비라인을 이탈해 나오면, 그는 이로 인해 발생하는 수비 사이 간격을 활용해 스루 패스를 시도할 것이다. 만약 상대 수비가 밀집된 상태를 어떻게든 유지하면서 제주스 쪽 공간을 내주지 않는다면, 베르나르두 실바는 자신이 비워두고 나온 공간으로 타이밍 맞춰 올라가는 동료에게 패스하면서 공격 방향을 바꿀 수 있다. 결국 상대 팀은 이 모든 가능성을 방비할 수는 없다. 다시 한 번 말하건대, 맨체스터 시티의 시스템은 단순성(simplicity)의 미학 이외의 다름 아니다. 단순한 작업들을 효율적으로 실행하는 맨체스터 시티 선수들의 능력이 그 시스템을 진정 아름답게 한다.

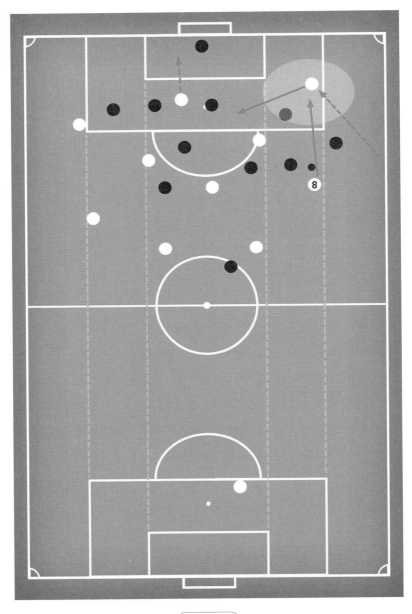

그림 92

베르나르두 실바의 위치선정 및 움직임의 마지막 사례다. 이는 베르나르두 실바가 공간과 시간을 갖고 상대 페널티 에어리어로 침투할 때 이 선수가 얼마나 지능적인지를 보여준다.

그림 92에서 그는 오른쪽 측면 터치라인 부근으로부터 페널티 에어리어를 향해 들어간다. 그러면 '8번' 귄도안이 스루 패스를 공급하고 베르나르두 실바가 페널티 에어리어 안에서 볼을 받는다. 그러면 이 상황에서 대부분은 먼 쪽 포스트로 가로지르는 크로스를 예상할 법하다. 하지만, 베르나르두 실바는 이를 역이용할 만큼 지능적이다. 상대가 크로스를 예상하고서 이를 방비하기 위해 골문 쪽으로 내려서면, 그는 크로스를 할 듯 상대를 속이고서 수비가 내려섬으로 인해 발생한 공간으로 컷백(cuts the ball back)을 시도한다.

이러한 유형의 경기 지능(game intelligence)은 베르나르두 실바가 2018/19시즌 맨체스터 시티의 핵심 선수가 된 이유를 선명하게 보여준다. 베르나르두 실바가 모나코로부터 합류한 이래, 과르디올라 게임 모델에 대한 그의 이해도 및 그 모델 안에서의 자신의 역할에 대한 특유의 해석은 맨체스터 시티의 위력을 확연히 증대시켰다. 측면지역과 '8번' 위치를 가리지 않는 그의 역량은 맨체스터 시티에 다양성과 밸런스를 선사했으며, 과르디올라로 하여금 매우 다양한 선수 조합 및 용병술을 발휘할 수 있게끔 했다. 베르나르두 실바가 이니에스타 같은 축구사의 레전드와 완전한 비교 대상이 되기 위해서는 여전히 갈 길이 멀지만, 그가 그러한 길을 따라 걷고 있다는 것은 의심의 여지가 없다.

Chapter 15
라힘 스털링

스털링은 커리어가 엄청나게 긴 선수는 아니다. 그러나 커리어의 상당 시간 동안 스털링은 극에서 극을 달리며 호불호를 낳는 유형의 인물이었다. 스털링은 경기장에서는 의심의 여지없는 잠재력을 선보이지만, 경기장 바깥에서는 언론 지면을 통해 까다롭고 다루기 힘든 인물로 비쳐졌다. 퀸즈 파크 레인저스 유스 소속이었던 스털링은 십대 시절 리버풀이 그를 영입하는 방식에 관해서도 다소간 논란거리를 낳았다.

유소년 시절에조차 스털링의 재능은 잘 알려져 있었다. 상당수 더 큰 클럽들이 그의 성장을 추적해왔고, 그가 런던의 빅 클럽들 가운데 하나와 계약할 것이라는 예상이 지배적이었다. 그러나 리버풀은 스털링과 그의 가까운 가족에게 집을 제공해주는 조건으로 이 선수를 유혹할 수 있었다. 당시 스털링의 어머니가 잠재적으로 지장이 될 환경으로부터 그를 떨어뜨려놓고자 했고, 북서부로 옮기는 것이 스털링을 프로 선수로 성공시키는데 도움이 될 것이라 여겼다는 이야기가 있었다.

리버풀에서 스털링은 루이스 수아레스(Luis Suarez), 필리피 쿠티뉴

(Philippe Coutinho) 같은 선수들과 더불어 그의 1군 축구 첫 발을 내딛었다. 리버풀이라는 좋은 팀에서 그가 겉돌지 않았다는 사실은 그가 지닌 능력을 드러내는 단편적 지표다. 스털링은 1대1 대결 상황에서 언제나 자신감을 지니고 있었고, 이러한 직선적 스타일은 그의 안필드 커리어 내내 리버풀 팬들로부터 인정을 받았다.

하지만 그의 '결과물'을 둘러싼 물음표는 끊이지 않았다. 이 젊은 공격수는 극도로 유리한 위치에서도 자기 자신이 만들어낸 득점 기회를 종종 날려버렸다. 그의 갈피를 잡기 어려운 마무리 능력에도 불구하고, 스털링의 경기력은 여전히 높은 수준이어서 2013/14시즌과 2014/15시즌 연속으로 'PFA 올해의 영플레이어' 후보에 올랐다.

그러나 2014/15시즌이 진행되는 동안 스털링과 리버풀 간의 관계에 금이 가기 시작했다. 언론에서는 스털링이 리버풀 최고 연봉 수령자 대열에 포함되기 위해 재계약을 지연시키고 있다는 보도가 나왔다. 바로 이 시점에 맨체스터 시티가 끼어들 수 있었다. 결국 맨체스터 시티는 2015년 7월 £49m 이적료로 스털링을 영입하게 된다.

맨체스터 시티 커리어 초기, 리버풀에서와 유사한 문제가 여전히 스털링을 괴롭혔다. 그의 최종 슈팅은 종종 어긋났고, 중앙에서 아주 좋은 위치를 확보했을 때에조차 그는 쉬운 찬스로 보이는 상황들에서 마무리 짓는 일에 어려움을 겪고 있었다. 그런데 2016년 과르디올라가 감독으로 취임한 이후, 우리는 마침내 스털링이 자신의 틀림없는 잠재력을 발휘하는 모습을 목격하게 됐다.

예를 들어 2016/17시즌 스털링은 프리미어리그에서 7골 6어시스트를 기록했지만, 2017/18시즌에는 이것이 18골 11어시스트로 크게 향상됐고

2018/19시즌에도 17골 10어시스트를 기록하게 된다.

　이러한 결과물의 향상은 스털링이 과르디올라로부터 받았던 개인 지도, 그리고 스털링이 맨체스터 시티의 전술 구조 내에서 담당했던 역할과 직접적으로 관련이 있다.

　스털링이 이전에 겪었던 마무리 문제의 일부는, 각도와 상관없이 무리하게 슈팅을 시도하려드는 그의 성향에 기인했다. 우리는 종종 그가 골문 측면 위치에서 볼을 잡았을 때 부족한 각도에서 슈팅을 시도하는 모습들을 보아왔다. 하지만 그는 더 성숙해졌고 슈팅 시 위치의 중요성에 관해 아주 구체적인 지도를 받았다. 이제 스털링은 슈팅 각도가 부족한 상황에서는 패스를 선택하는 경향이 강해졌다.

　또한 스털링은 볼이 반대편 지역에 있을 적에 페널티 에어리어 중앙 공간으로 파고드는 움직임에 매우 탁월하다. 2017/18시즌 스털링은 볼이 자네나 다비드 실바에 의해 컷백으로 연결될 때 양쪽 골포스트 사이에 매우 빈번하게 위치하곤 했다. 흥미롭게도 2018/19시즌 과르디올라는 자신의 공격 시스템에서 더욱 필수적인 역할을 맡길 정도로 스털링을 신뢰하는 모습을 보였다. 이전에 스털링은 대부분 오른쪽 측면에서 플레이하는 것이 가장 편안한 측면공격수로 여겨졌다. 그러나 이제 스털링은 최전방공격수나 처진 스트라이커로서 중앙에서 활약하는 역할을 정기적으로 담당해왔다. 스털링에게 이러한 추가 기능이 장착됐다는 사실은 과르디올라가 스털링을 공격 시스템의 필수적 요소로 간주했음을 시사한다. 과르디올라는 수비수들을 상대로 유리한 매치업을 창출하기 위해 전방 전 지역을 가로질러 움직일 수 있는 스털링의 능력을 평가한 것이다.

　두 시즌 동안 스털링은 맨체스터 시티 내에서 자신의 책무가 점점 더 커지고 있다는 사실을 즐겨왔다. 그리고 이는 잉글랜드 대표 팀에서도 똑같이 반영되었다. 스털링은 가레스 사우스게이트(Gareth Southgate)의 잉글랜드 팀에서도 필수적인 멤버가 되었다. 그리고 클럽과 국가대표 레벨 모두에서 더 큰 성공을 거두면서 스털링은 경기장 밖에서도 한결 성숙해졌다.

이전에 이 젊은 공격수는 철부지 같은 행동으로 구설수에 오르기도 했지만, 2018/19시즌 우리는 스털링이 현명하고 사려 깊은 방식으로 인종차별에 대항해 목소리를 내는 것을 목격할 수 있었다. 사회 이슈에 대한 더 큰 관심은 과거에 볼 수 없던 스털링의 일면을 드러냈고, 그가 경기장 안팎 모두에서 자신을 리더로 성장시켜 나아갈 것을 시사하는 대목이기도 했다.

이제 스털링은 더 성숙해졌지만, 여전히 그는 경기장에서 막아내기 어려운 폭발적인 예측불가능성을 지니고 있는 선수다.

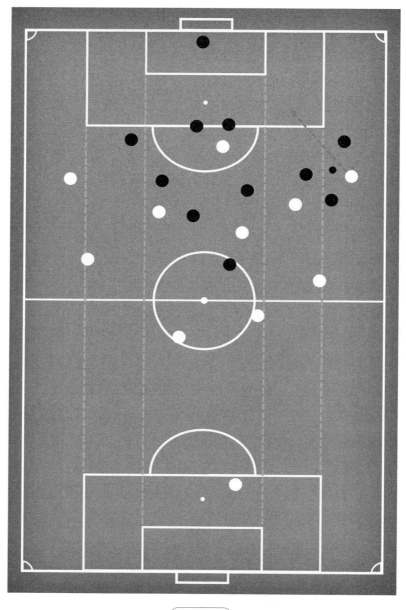

그림 93

앞서 우리는 베르나르두 실바가 측면지역에서 플레이하는 방식에 관해 논의한 바 있다. 마찬가지로 스털링도 상대하는 수비수의 방어를 어렵게 만드는 예측불가능한 특성을 지니고 있다. 그는 드리블로 볼을 운반할 때 매우 독특한 스타일을 지니고 있는데, 특히 그가 방향을 바꿔 다른 각도에서 재빠르게 공격을 진행할 수 있는 것은 탁월한 밸런스 덕택이다. 우리는 종종 스털링이 페널티 에어리어 모서리 부근에서 볼을 소유할 때 재빨리 방향을 전환하여 두 명 수비수 사이로 스피디한 드리블을 시도하는 것을 목격한다. 스털링의 낮은 무게중심(low centre of gravity) 덕택에 이러한 방향 전환은 수비수와의 접촉을 쉽사리 유발시킬 수 있고 이는 프리킥 내지 페널티킥으로 귀결될 수 있을 것이다. 그래서 수비하는 선수들이 뒤로 물러나는 경향이 있는데, 그러면 스털링이 페널티 에어리어로 치고 들어가는 것이 보다 용이해진다.

그림 93에서 우리는 스털링이 오른쪽 측면 와이드한 위치에서 볼을 소유하고 있는 것을 본다. 예전에 그는 이러한 위치에서 거의 언제나 오른쪽 측면 돌파에 의한 공격을 노리곤 했다. 그가 오른발 사용에 더 강하기 때문이다. 상대가 비교적 용이하게 막아낼 수 있는 무리한 각도에서 스털링이 적지 않은 양의 슈팅을 시도했던 것도 이 문제와 관련이 있다. 하지만 맨체스터 시티가 최고의 성공을 누린 두 시즌 동안, 스털링은 자신의 기술적 측면(technical side of his game) 뿐 아니라 볼 소유 시 언제 어떻게 움직여야 하는지에 대한 전술적 이해(tactical understanding)에 있어서도 발전했다.

이전에 스털링이 측면지역에서 볼을 갖고 있을 때, 그가 상대에게 가하는 위협은 언제나 바깥쪽으로 수비수를 무너뜨릴 수 있다는 것이었다. 하지만 이제, 스털링은 스피디하게 안쪽으로 들어오는 경향이 더 강하다. 이러한 움직임은 두 가지 사건들 중 하나를 일으킬 공산이 크다. 스털링이 직접 페널티 에어리어에 진입하는 사건, 혹은 그렇게 할 수 있는 동료와 연계 플레이를 만드는 사건이다. 동료에게 연결하는 경우는 상대 수비수가 측면 수비를 도와주기 위해 움직이며 공간이 발생하는 상황이다. 상대 수비가 자신의 위치를 벗어나게끔 끌어내면 수비 블록 다른 곳에 공간이 발생하고, 맨체스터 시티가 이를 어떻게 활용하는지 우리는 이 책 전반에 걸쳐 이미 살펴본 바 있다.

PEP
GUARDIOLA

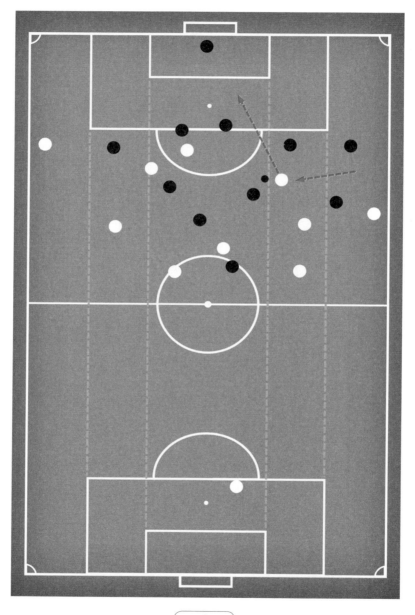

그림 94

그림 94에서 스털링이 재빠른 방향 전환(quick change of direction)을 통해 움직이는 것을 볼 수 있다. 안쪽으로 치고 들어가면서(cut inside) 스털링은 상대 수비 라인 사이에 공간(gap)이 열려있는 것을 확인하고 그 공간을 뚫고 들어가(cut through) 페널티 에어리어로 진입한다. 이 지역으로 들어가면 스털링은 극도로 위험한 각도에서 공격을 펼치게 된다.

　다시 한 번 강조해야하는 것은, 스털링이 안쪽으로 움직여 페널티 에어리어까지 진입하면 그가 훨씬 더 좋은 득점 기회를 제공하는 슈팅 각도를 맞이한다는 점이다. 안쪽으로 들어오며 공격함으로써 스털링은 목표물을 조준할 훨씬 더 좋은 찬스를 지니게 된다. 만약 그가 수비수 바깥쪽 측면 공간으로 돌파하게 되면, 각도가 더 좁아지고 득점 확률은 떨어지게 된다. 최정상 레벨의 축구에서 차이를 만들어내는 것은 바로 이러한 작은 디테일이다.

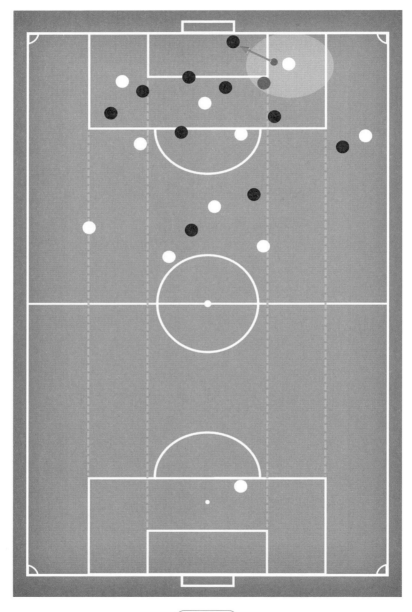

그림 95

슈팅 각도의 차이에 관해 더 심도 있게 다룰 필요성이 있다. 근년의 축구계에서 가장 주목할 만한 트렌드 중 하나는 '기대득점(xG; expected goals)'이라는 용어의 활용과 보급이 증가해왔다는 사실이다. 기대득점은 한층 진보된 통계(an advanced statistic)로서, 슈팅이 득점으로 귀결될 가능성(the likelihood of that shot resulting in a goal)에 기초해 각각의 슈팅에 수치적 값을 매긴 것이다. 기대득점은 슈팅의 각도, 공격자와 골문 사이에 수비하는 선수들이 존재하는지 여부 등등 매우 다양한 요인들을 고려해 계산한다. 이 통계는 축구의 수많은 영역들에서 활용돼왔고, 영국의 유명한 축구 프로그램 '매치 오브 더 데이(Match of the Day)'에도 정규적으로 등장한다. 이것은 또한 브렌트포드(Brentford)와 미트윌란(FC Midtjylland)의 구단주 매튜 베넘(Matthew Benham)에 의해 선수 및 감독을 스카우트하는 일에 활용되기도 했다(감수자 주: '프로 갬블러' 베넘은 분석과 데이터를 신봉해온 인물이며, 이에 기초한 구단 운영의 전도사라 해도 과언이 아니다).

그림 95를 보자. 스털링은 그의 커리어 초기에 이러한 각도와 위치에서 슈팅을 자주 터뜨렸다. 공격수가 직면한 골문과의 각도, 거리를 생각해보자. 골키퍼는 가까운 쪽 포스트에 위치하면서 방어 자세를 넓히고 있다. 이 위치에서 공격수가 겨냥할 수 있는 골문의 영역은 매우 감소하게 된다. 스털링이 패스를 보내려 할 경우 적절한 지원이 가능한 동료도 존재하지 않는다. 물론 이 위치에서 그가 득점하는 것이 결코 불가능하다고 이야기하는 것은 아니다. 커리어 초기 스털링의 득점력은 그의 당시 나이를 고려하면 인상적이라 할 수 있었지만 그가 현재 보여주는 것만큼 인상적이지는 않았다.

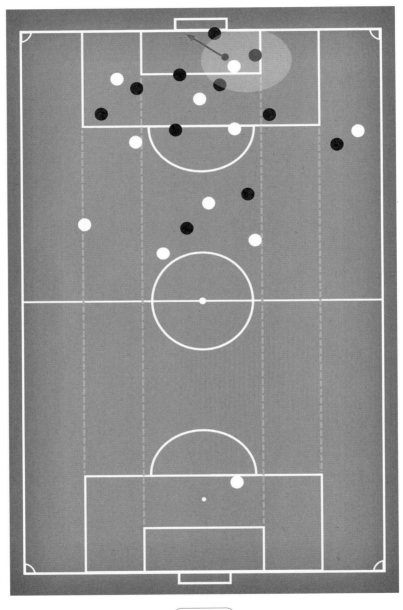

그림 96

이번에는 그림 96에서 스털링이 볼을 지니고 있는 위치를 살펴보자. 측면으로부터 하프스페이스로 들어온 스털링이 페널티 에어리어로 진입했다. 이제 그는 훨씬 더 유리한 위치를 점유하게 됐다. 이 위치에서 터뜨린 슈팅의 'xG값'은 그림 95에 예시된 위치에서 시도한 슈팅의 값보다 유의미하게 크다.

적어도 필자가 보기에, 2017/18시즌과 2018/19시즌 스털링의 움직임과 멘탈에 있어 나타난 세부적 변화는 과르디올라의 지도에 따른 직접적인 결과물임이 확실하다. 과르디올라의 지도는 득점을 더 많이 할 수 있는 위치에서 슈팅을 시도하는 것을 강조했다. 스털링을 더 유리한 위치로 이동시키는 이러한 움직임은 과르디올라가 바르셀로나를 지도할 적에 우리가 수도 없이 목격했던 유형의 것이다. 페드로(Pedro), 다비드 비야, 그리고 앙리 같은 선수들이야말로 이 사선 움직임을 통해 페널티 에어리어 내의 공간으로 침투하는 전문가들이었다. 그들은 그곳에서 최대의 임팩트를 행사할 수 있었다.

두 시즌 동안 스털링에게 나타난 변화는 드라마틱했다. 재능이 있으나 다소 효율성이 떨어지던 젊은 공격수는 사라졌다. 그 자리에는 페널티 에어리어로 진입할 때마다 상대 팀에 진정한 위협이 되는 성숙하고 예리한 골잡이가 등장했다.

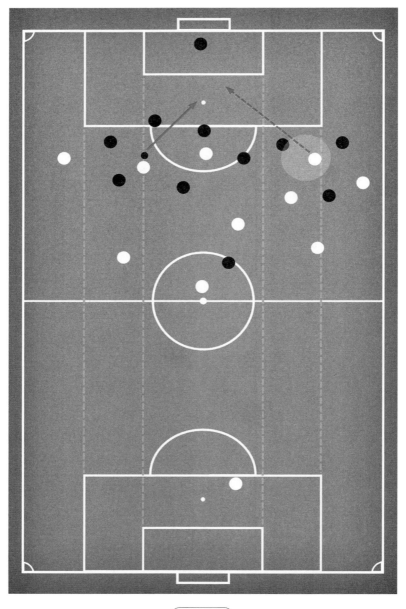

그림 97

맨체스터 시티가 파이널 써드에 도달할 때 스털링이 만들어내는 위협은 단지 그가 문전 득점력이 증가했다는 사실에 국한되지 않는다. 그는 공간에 대한 이해도와 인식 능력을 발전시켰고, 언제 패스하고 언제 드리블을 해야 하는지에 관해서도 더 잘 알게 되었다. 이러한 부문에서 스털링이 이뤄낸 향상은 그의 경험과 성숙도가 증가함에 따른 결과일 공산이 크다. 또한 스털링은 과르디올라가 맨체스터 시티에 취임할 때부터 이미 맨체스터 시티 팀의 일원이었으며, 파이널 써드에서의 동료들의 움직임 및 이 움직임이 만들어내는 공간에 대한 이해가 훌륭하다.

그림 97은 스털링이 왼쪽 하프스페이스에서 볼을 소유하고 있는 상황이다. 상대는 밀집된 블록을 형성하고 있으며, 스털링이 페널티 에어리어로 진입할 수 있는 열린 공간이 별로 없어 보인다. 이 지역에서 어떠한 맨체스터 시티 선수이든지 간에, 그의 최우선순위가 깔끔한 슈팅을 터뜨릴 수 있는 방법을 찾거나 혹은 팀 동료가 깔끔한 슈팅을 시도할 수 있게끔 패스하는 것임을 기억해야만 한다. 더 이전에 스털링은 이러한 밀집된 블록을 무리하게 뚫고 들어가려 했고, 결국엔 볼 소유권을 잃거나 볼을 뒤로 돌리는 결과를 낳곤 했다.

이 지역에서 볼을 다시 돌리는 것이 문젯거리는 아니다. 그럼에도 이제 우리는 스털링, 다비드 실바, 베르나르두 실바, 더 브라위너 같은 선수들이 평범한 선수들이 발견하지 못하는 각도의 패스 길을 발견하고 패스 플레이를 구사하는 것을 목격한다. 이는 침투하는 동료가 골 찬스를 노릴 수 있게끔 수비 라인을 관통하는 각도와 세기의 패스를 스털링이 시도할 수 있음을 의미한다.

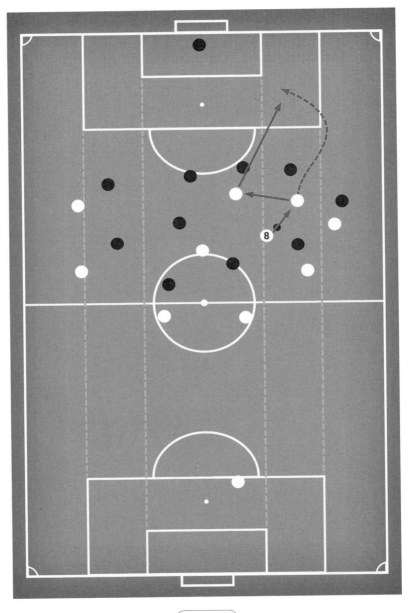

그림 98

자네와 베르나르두 실바 같은 측면공격수들은 타이트한 공간에서 빠른 콤비네이션 플레이를 펼쳐 수비 라인 배후로 들어갈 찬스를 창조하는 능력을 지녔다. 이처럼 타이트한 지역에서 거의 자동적으로 이러한 콤비네이션 플레이를 해낼 수 있는 선수들의 중요성은 결코 간과될 수 없다. 이러한 움직임과 패스는 과르디올라가 맨체스터 시티에 장착한 게임 모델에서 공격의 핵심적 국면이라 할 수 있기 때문이다.

그림 98은 이러한 콤비네이션의 다른 예시다. 오른쪽에서 '8번' 역할을 하는 권도안이 볼을 갖고 있을 때, 스털링은 권도안 바로 앞에 위치한다. 이는 틀림없이 가장 이상적인 상황은 아니다. 측면공격수가 점유할 수 있는 전방 지역의 다른 공간들이 존재하는 까닭이다. 하지만 스털링이 볼을 받았을 때 그는 옆에 위치한 공격수 아구에로에게 재빨리 볼을 이동시킨다. 그러면 우리는 스털링이 스피디하게 수비수 바깥으로 돌아서 페널티 에어리어 모서리 쪽으로 들어가는 모습을 목격한다. 그리고 그는 수비 라인 배후에서 아구에로의 리턴 패스를 받는다. 순수한 잠재력의 견지에서 스털링보다 더 높은 한계치를 지닌 선수는 맨체스터 시티 내에도 별로 없다. 어쩌면 포든이 있지만, 그는 스털링의 레벨에 도달하기 위해 아직도 갈 길이 남아 있다. 이제 24세인 이 공격수는 아직도 자신의 정점에 오르지 않았다. 스털링은 많은 사람들이 예상치 않았던 다양한 요소들을 그의 축구에 추가했고 이는 지극히 인상적인 일이었다. 그는 파이널 써드 어디에서 공간을 찾아내는지, 어떻게 공간을 공략하는지에 대한 이해도를 향상시켰고, 이는 스털링을 축구계에서 가장 인상적인 공격수들 중 하나로 성장시켰다. 이제 우리는 왜 스털링이 맨체스터 시티 스쿼드의 핵심적 일부이며 과르디올라가 그에게 의지하는지를 명확히 이해할 수 있다.

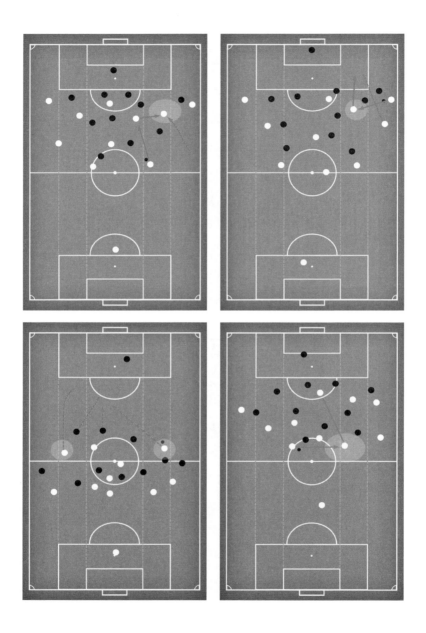

Chapter 16
득점에 대한 분석

이 책이 마무리에 가까워졌다. 이제 2017/18시즌과 2018/19시즌 과르디올라와 맨체스터 시티가 누린 성공에 필수적이었던 전술적 컨셉들을 검토해 보고자 한다. 우리는 지금까지 전술적 컨셉 안에서 몇몇 개별적 선수들의 기능을 따로따로 논의했다. 모든 것을 한데 모아 논의하기 위해 맨체스터 시티가 두 시즌 동안 작렬시킨 골들 가운데 열 개를 선택했다. 각각의 골 장면은 우리가 이 책을 통해 다루었던 전술적 컨셉들을 보여주고, 이 컨셉들이 얼마나 효율적으로 상대를 공략할 수 있는지를 드러낸다.

그러나 여기서 언급할 10골이 이 기간 동안 맨체스터 시티가 터뜨린 최고의 골들을 대표하지는 않는다는 점을 명백히 할 필요가 있다. 또한 여기서 소개하는 순서가 어떤 랭킹을 의도하는 것도 아니다. 맨체스터 시티에 관한 다른 것들과 마찬가지로, 지금부터 소개하는 골 장면들과 일반적 공격 플레이들은 순위를 매기거나 평가하기보다 단순히 즐기는 것이 되었으면 한다.

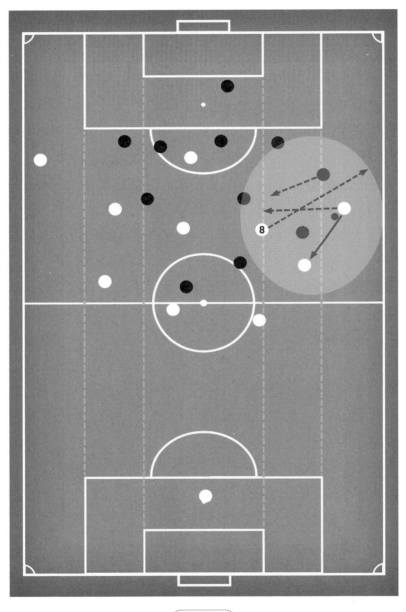

그림 99

첫 번째 골: 베르나르두 실바, 맨체스터 시티 v 맨체스터 유나이티드, 2019.04.24

이 골은 맨체스터 유나이티드가 폼이 좋지 못했던 시기에 터진 것이다. 경기를 앞둔 상황에서 맨체스터 유나이티드가 더비 라이벌을 상대로 적어도 승점 1점은 챙길 수 있을지 모른다는 느낌이 존재했다. 이 당시 우승 레이스를 살펴보면, 리버풀이 맨체스터 시티와 첨예한 경합을 펼치고 있어 이 경기에서의 무승부는 맨체스터 시티의 우승 꿈에 치명적 결과로 작용할 수 있었다.

하지만 맨체스터 유나이티드는 비교적 쉽게 주도권을 내주고 있었고, 맨체스터 시티가 볼과 경기를 지배했다. 맨체스터 시티는 상대의 공격 기회를 봉쇄하고 있었다. 오른쪽 '8번' 역할을 맡았던 베르나르두 실바의 득점은 우리가 이전 챕터들-특히 베르나르두 실바와 스털링을 살펴 본-에서 논의한 영리한 움직임과 위치선정을 보여준다.

그림 99에서 우리는 맨체스터 시티가 득점 기회를 창조하기 위해 수비 라인을 무너뜨리는 순간을 목격한다. 오른쪽 측면의 스털링이 볼을 지니고 있고, 스털링은 하프스페이스 쪽으로 좁혀 위치한 워커를 향해 뒤로 패스한다. 그리고 스털링은 측면에 공간을 만들기 위해 안쪽으로 상대를 유인하는 움직임(decoy run inside)을 수행한다. 스털링이 빠져나간 공간은 안쪽에서 바깥쪽으로 뛰는 베르나르두 실바에 의해 메워진다. 이후에는 베르나르두 실바가 볼을 받아 페널티 에어리어로 달려 들어가 슈팅을 터뜨린다.

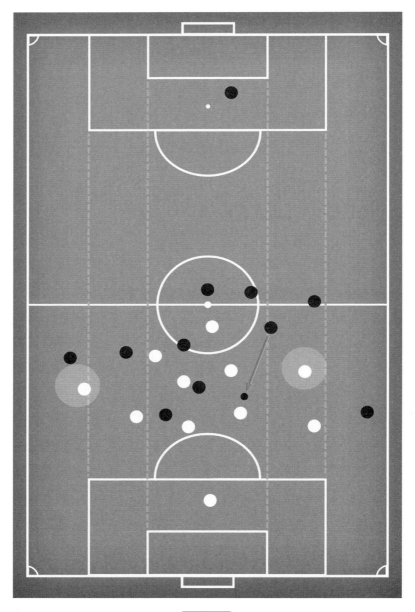

그림 100

두 번째 골: 리로이 자네, 맨체스터 시티 v 맨체스터 유나이티드, 2019.04.24

이 챕터를 시작하는 10골 가운데 두 골이 더비 라이벌을 상대한 같은 경기에서 나왔다. 이는 일부러 의도한 것은 아니다. 이 두 골이 모두 맨체스터 시티가 상대 수비를 뚫기 위해 그들의 전술적 컨셉을 활용하는 좋은 예시이기에 선택한 것이다.

그림 100은 맨체스터 유나이티드가 맨체스터 시티 페널티 에어리어 모서리 쪽으로 전진을 시도하다 맨체스터 시티가 볼을 빼앗는 순간을 보여준다. 여기서 맨체스터 시티는 맨체스터 유나이티드가 플레이할 공간을 내주지 않기 위해 수비 형태를 갖추고 내려서서 밀집된 수비를 취하고 있다. 또, 우리는 이 수비 블록에서 두 측면공격수들의 위치선정에 주목하고 있다. 스털링이 오른쪽에, 자네가 왼쪽에 위치한다. 여기서 맨체스터 유나이티드의 패스가 나빴고 콤파니가 이 볼을 인터셉트해 맨체스터 시티는 공격으로 빠르게 전환한다.

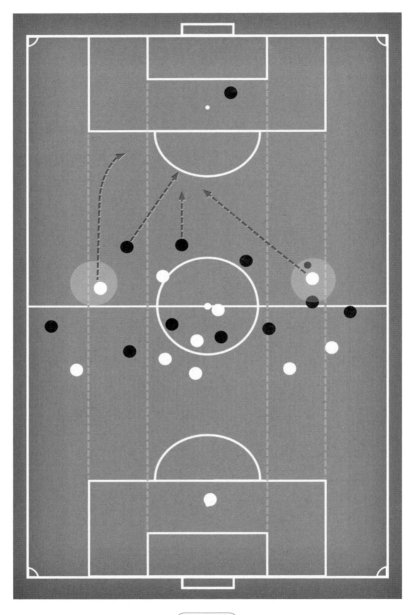

그림 101

그림 101에서 우리는 그 전환이 어떻게 진행되는지 확인할 수 있다. 맨체스터 시티가 볼을 되찾아 공격을 시작하자마자 왼쪽의 자네가 뒷공간으로 빠르게 달린다. 볼은 즉각 스털링에게 공급되고 스털링은 곧바로 돌아서 상대 페널티 에어리어를 향해 드리블로 치고 들어간다. 맨체스터 유나이티드가 자기 진영으로 돌아가려는 상황에서 전체 구조가 깨져버렸고, 스털링은 중앙지역으로 침착하게 드리블을 이어간다. 그는 드리블을 멈출 올바른 타이밍을 선택하고 수비수들이 볼 뒤편으로 몰려 구조가 무너지기를 기다렸다가 자네에게 스루패스를 투입해 득점할 수 있도록 한다.

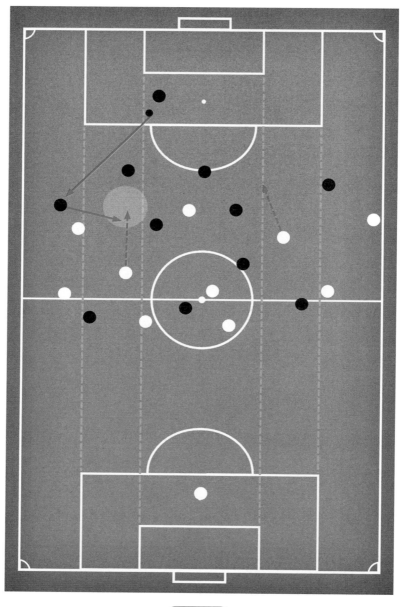

그림 102

세 번째 골: 베르나르두 실바, 맨체스터 시티 v 풀럼, 2019.03.30

이번 골은 맨체스터 시티 선수들이 앞으로 나아가 볼 중심 압박을 펼치는 적극성으로부터 비롯한 직접적 결과물이다. 상대 팀은 빌드업 과정에서 서투른 위치선정을 하고 있다. 볼이 풀럼 골키퍼 세르히오 리코(Sergio Rico)로부터 전개되고 그가 오른쪽으로 패스를 내준다. 맨체스터 시티는 풀럼의 전진을 가능케 하는 패스 길을 차단하기 위해 위치를 잡는다. 그렇게 함으로써 볼 지닌 선수는 안쪽으로 패스하는 선택을 하게 된다. 하지만 이 패스가 느슨했고 더 브라위너가 이를 예측해 위험지역에서 재빠르게 볼을 따낸다.

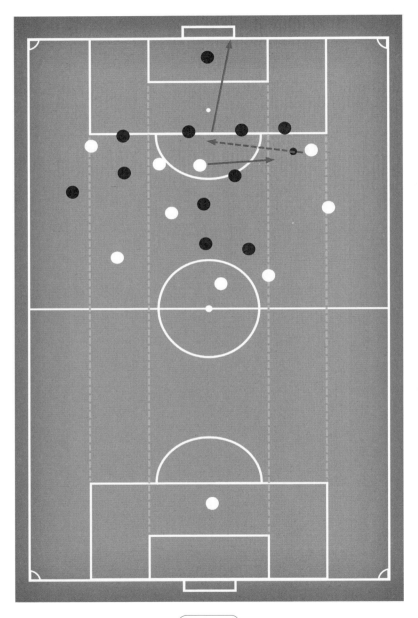

그림 103

그 지역에서 플레이가 전개되고 볼은 페널티 에어리어 바깥 중앙에 있는 아구에로에게 공급된다. 아구에로에겐 슈팅을 시도하거나 페널티 에어리어로 들어갈 수 있는 공간이 없다. 대신 그는 볼을 오른쪽에 있는 베르나르두 실바에게 패스한다. 우리가 이전 챕터에서 베르나르두 실바에 관해 살펴본 대로, 그는 볼을 몰고 안쪽으로 빠르게 치고 들어가는 것을 좋아한다. 그는 여기서도 그렇게 한다. 그리고 공간이 열릴 때 슈팅을 작렬시켜 득점한다.

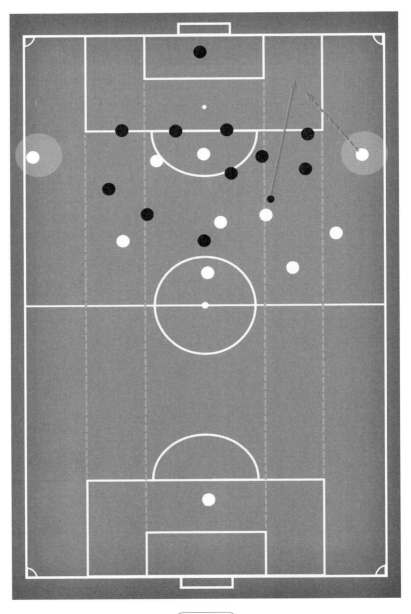

그림 104

네 번째 골: 라힘 스털링, 맨체스터 시티 v 첼시, 2019.02.10

이 골은 오른쪽 하프스페이스에서 처리한 프리킥으로부터 나왔다. 키커 더 브라위너가 볼 앞에 있고 첼시 선수들이 수비 형태를 갖추느라 잠시 집중력이 흐트러진 순간이다. 베르나르두 실바와 스털링이 매우 와이드하고 높은 위치를 잡고 있다. 이 위치들은 첼시의 수비 구조에 의해 적절하게 커버되고 있지 않다. 그림 104에서 베르나르두 실바가 사선 방향으로 빠른 타이밍에 침투한다. 더 브라위너가 이 움직임을 보고 페널티 에어리어를 향해 수비수들 사이 공간으로 스루패스를 투입한다. 이 간단한 움직임과 패스가 맨체스터 시티의 득점 기회 창조에 필요한 모든 것이다.

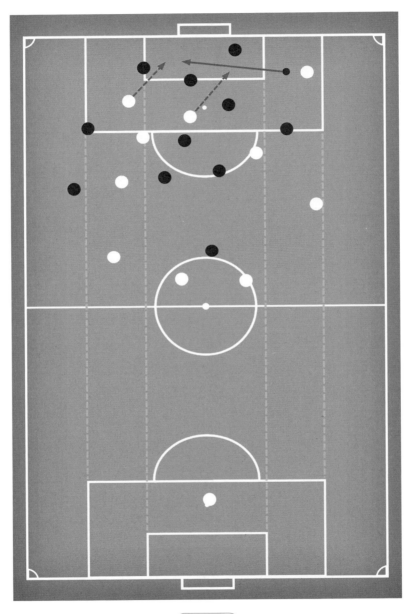

그림 105

그림 105에서 이후의 진행을 볼 수 있다. 베르나르두 실바가 페널티 에어리어 모서리로부터 매우 위험한 지역으로 진입한다. 아구에로가 가까운 쪽 포스트로 달려 들어가고 스털링은 먼 쪽 포스트를 공략하기 위해 공간을 좁혀 들어온다. 이때 편안하게 크로스가 이뤄지고 스털링이 골을 터뜨린다.

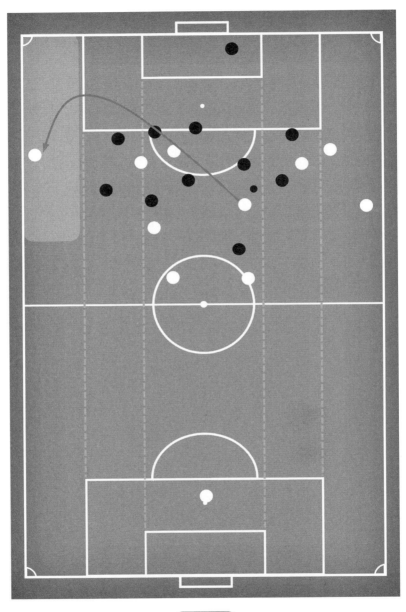

그림 106

다섯 번째 골: 세르히오 아구에로, 맨체스터 시티 v 아스날, 2019.02.03

이 골은 아스날이 내려서 밀집된 블록을 형성한 상황에서 창조되었다. 맨체스터 시티가 경기장 오른쪽 지역에서 과밀화(an overload)를 만들어냈고, 스털링은 왼쪽 측면지역에 고립돼 있다(isolated). 그림 106이 이것을 보여준다. 맨체스터 시티가 고립이 일어나고 있는 측면으로 볼을 전환시키면, 스털링이 볼을 잡고 페널티 에어리어 모서리 쪽으로 접근할 수 있다. 이 위치에서 그는 후방에 있는 동료와 빠른 콤비네이션 플레이를 통해 상대 수비 블록 배후로 침투해 볼을 받는다. 그리고 즉시 단순한 크로스를 넘겨주는 것으로써 아구에로의 살짝 밀어 넣는 골을 어시스트한다.

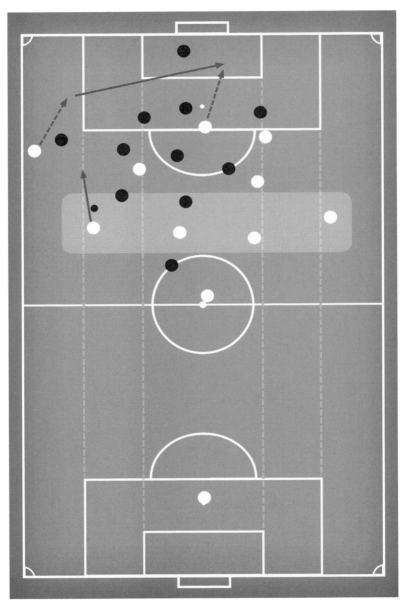

그림 107

여섯 번째 골: 가브리엘 제주스, 맨체스터 시티 v 울브스, 2019.01.14

맨체스터 시티 공격의 최정점은 역시 세 명 공격진 가운데 가장 전방에 위치한 스트라이커다. 아구에로가 논란의 여지없이 첫 번째로 선택받는 공격수이나, 우리는 가브리엘 제주스의 만만찮은 활약 또한 목격해왔다. 제주스는 아구에로와 유사한 움직임, 유사한 특성을 선보이는 공격수다.

그림 107에서 우리는 맨체스터 시티가 공격을 빌드업하는 출발선을 볼 수 있다. 이것은 두 명의 풀백과 센터백들 가운데 한 명이 '6번' 미드필더와 동일 선상에 넓게 펼쳐 위치함으로써 형성된다. 이 라인에서 맨체스터 시티는 볼을 소유하며 돌릴 수 있게 되는데, 이를 통해 볼을 전진시킬 수 있는 공간과 통로들을 찾아내고 확인할 수 있다. 레프트백에게 볼이 전달된 장면에서 그는 볼 전진을 가능케 할 열린 패스 길을 지닌다.

볼이 상대 풀백과 센터백 사이를 통과해 전달되면, 맨체스터 시티는 극도로 위협적인 공격의 거점을 창조하게 되며 그곳으로부터 득점 기회를 만들 수 있다. 볼이 페널티 에어리어 쪽으로 운반됐을 때 우리는 골문 앞을 가로지르는 크로스에 의해 제주스가 손쉽게 마무리하는 모습을 본다.

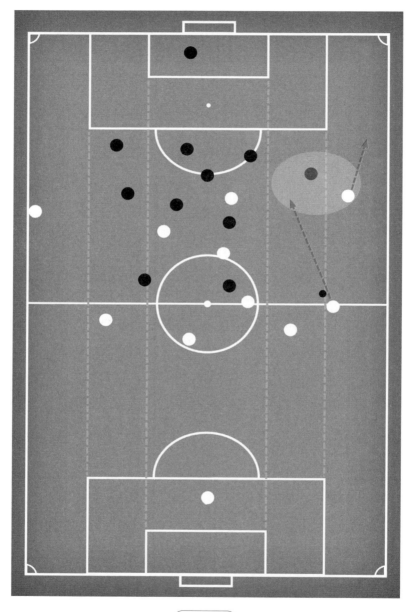

그림 108

일곱 번째 골: 다비드 실바, 맨체스터 시티 v 웨스트 햄, 2018.11.24

이 골의 핵심은 라이트백 워커가 오른쪽 측면지역에서 하프스페이스로 들어오는 것에 있다. 그림 108에서 워커는 오른쪽 측면에서 볼을 갖고 있다. 그는 상대 압박이 없는 상황에서 단순하게 볼을 패스하거나 공간이 덜 넓은 바깥쪽 측면으로 올라가려하지 않고 영리한 움직임을 수행한다.

워커는 안쪽 하프스페이스로 들어가면서 볼과 측면지역 동료 사이에 있는 상대 수비수를 고립시킨다.

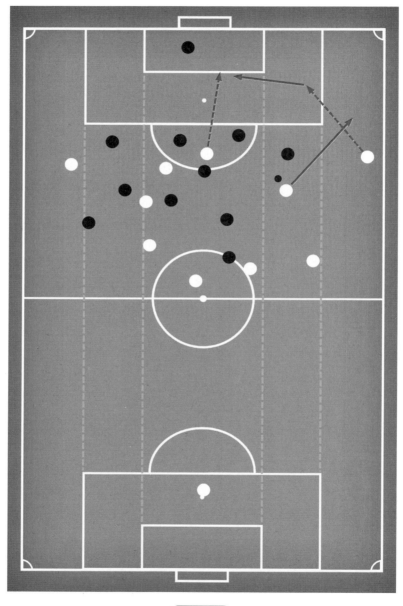

그림 109

그림 109에서 이후의 전개 상황을 볼 수 있다. 이 장면에서 고립된 수비수는 안쪽으로 움직이며 워커와 볼을 저지하도록 강요받는다. 이렇게 수비수가 볼 쪽으로 움직이는 선택을 하면, 워커는 간단하게 볼을 오른쪽 측면공격수에게 전환시킨다. 그러면 그가 볼을 잡아 페널티 에어리어로 돌진할 수 있다.

이러한 움직임이 진행될 때, 중앙미드필더인 다비드 실바 또한 움직임을 수행한다. 실바는 수비 뒷공간으로 타이밍 맞춰 침투하고 중앙지역으로 크로스되는 볼을 받아 골을 터뜨린다.

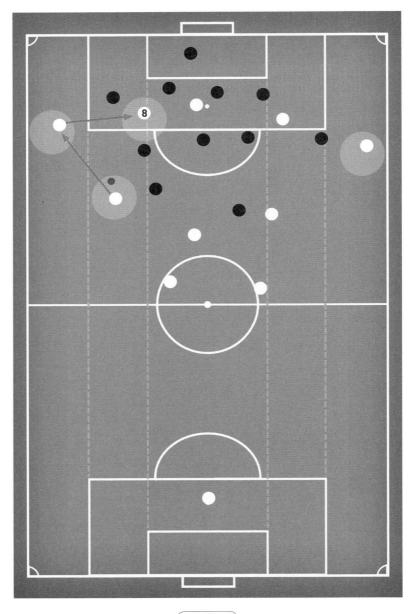

그림 110

여덟 번째 골: 세르히오 아구에로, 맨체스터 시티 v 번리, 2018.10.20

그림 110에서 우리는 높은 지역 왼쪽 하프스페이스에서 라포르트가 볼을 갖고 있는 것을 본다. 여기서 주목해야 하는 것은 측면공격수들의 위치, 그리고 라포르트 앞쪽에서 '8번'으로 기능하는 다비드 실바의 위치다. 볼은 우선 왼쪽 윙어에게 전개되고 여기서 스털링이 볼을 잡을 수 있다. 그러면 상대가 볼 중심 압박을 위해 접근하는데, 이때 스털링이 재빨리 실바를 향해 안쪽으로 패스한다.

　그림에 나타나는 것처럼 세 명의 맨체스터 시티 선수들이 완벽한 위치를 점유하는 까닭에, 상대 수비 구조 사이 공간(gap)을 통해 볼을 이동시키는 것이 가능해진다.

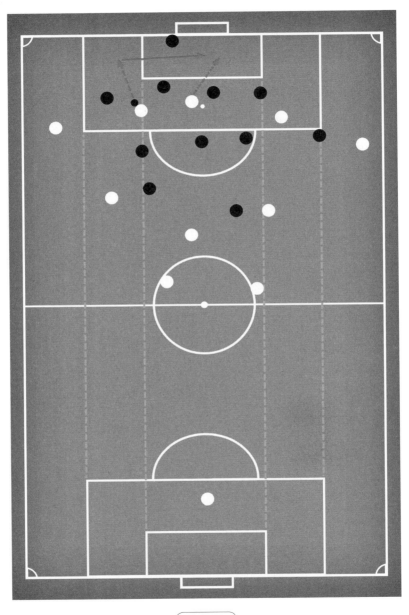

그림 111

그림 111이 이후 상황을 보여준다. 볼 받은 지역에서 실바는 개인 역량을 활용해 신속하게 플레이를 진행시킨다. 이러한 공간에서 볼 처리 능력이 탁월한 실바는 마지막 수비수를 따돌리고 골문 측면 쪽 공간으로 진입할 수 있다.

그러면 우리가 이 챕터에서 지속적으로 보아왔듯이, 이 공간에서 실바는 침착하게 골문을 가로질러 아구에로에게 크로스를 보내고 아구에로가 이 볼을 낚아채 득점을 터뜨린다.

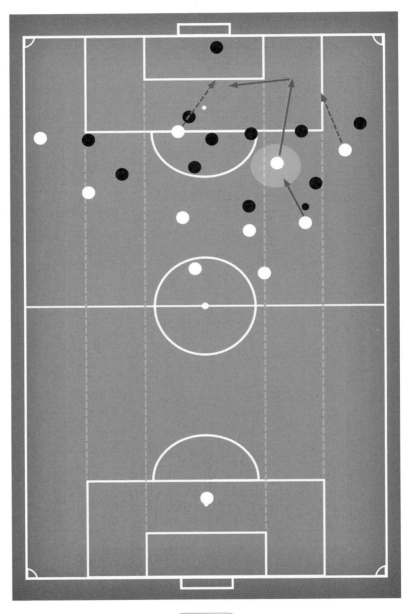

그림 112

아홉 번째 골: 세르히오 아구에로, 맨체스터 시티 v 번리, 2018.10.20

아홉 번째 득점은 맨체스터 시티가 상대 페널티 에어리어로 공격해 들어 갈 때 하프스페이스를 점유하고 플레이하는 것의 중요성을 보여준다. 그림 112에서 볼이 워커로부터 베르나르두 실바에게 전달된다. 워커는 하프스 페이스 조금 낮은 지역, 베르나르두 실바는 역시 하프스페이스에서 더 높은 지역에 위치하고 있는 상황이다. 이 패스는 간단함에도 불구하고 맨체스터 시티가 상대 수비지역 1/3(opposition defensive third)을 위협할 수 있도 록 볼을 전진시키는 역할을 한다.

베르나르두 실바가 볼을 받자마자 스털링이 페널티 에어리어를 향해 대 각선 침투를 수행하며, 베르나르두 실바는 두 명의 상대 선수들 사이 공간 을 통해 신속하게 스루패스를 찌른다. 스털링이 페널티 에어리어 안에서 볼 을 받을 때 아구에로는 이미 수비수들보다 앞서 중앙 공간으로 달려 들어가 고 있다. 그러면 역시 크로스에 의한 간단한 마무리로 골이 터진다.

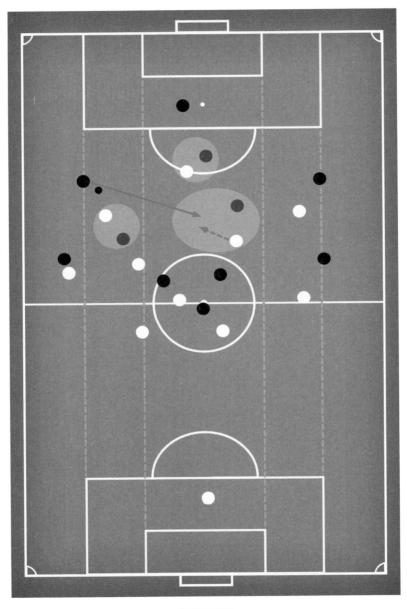

그림 113

열 번째 골: 리로이 자네, 맨체스터 시티 v 풀럼, 2018.09.18

이 챕터의 마지막 득점 장면은 상대 팀 풀럼이 볼을 지니고 있는 상황에서 시작한다. 앞서 세 번째 골에서 풀럼 경기를 언급했는데, 이번에는 그 경기와는 다른 경기다. 그림 113은 풀럼이 수비 라인으로부터 빌드업을 시도하는 상황을 나타내고 있다.

패스 경로 차단에 관해 논의한 이전 챕터에서 살펴봤듯이, 볼 지닌 선수를 위한 가장 가까운 두 개의 패스 옵션들이 맨체스터 시티의 근접 대인 마크로 인해 막혀버린다는 것이 이 상황의 핵심이다. 그 결과 볼을 소유한 풀럼 선수는 중앙지역으로 패스하도록 강요받는다. 그런데 이것은 맨체스터 시티가 의도적으로 열어 놓은 패스 경로다. 볼이 이 지역으로 패스되는 순간, 더 브라위너가 볼에 근접하며 압박을 가해 상대의 턴오버를 유도한다.

그러면 자네는 빠르게 대각선 침투 움직임을 수행하고, 더 브라위너는 자네가 편안한 득점을 노릴 수 있게끔 스루패스를 투입한다.

이제 득점에 관한 내용이 끝났다. 이 10골은 이 책을 통해 우리가 논의하고 검토해온 컨셉들을 압축해 놓은 장면들이다. 다시 한 번 우리는 이 컨셉들이 어렵거나 복잡하지 않다는 것을 알 수 있다. 그러나 맨체스터 시티는 이 컨셉들을 극도로 잘 실행에 옮기는 팀이며, 따라서 상대는 맨체스터 시티를 막아내기가 매우 어렵다.

결론

맨체스터 시티의 2017/18시즌, 2018/19시즌은 하나의 팀이 축구라는 종목을 플레이하는 최고의 방식을 보여준 시즌의 목록에 포함될 것이다. 그들이 획득한 승점이나 득점, 어시스트 기록들은 큰 그림의 일부일 뿐이고, 이 모든 것의 근간은 맨체스터 시티가 플레이하는 방식이다. 상대 수비 블록을 힘들이지 않고 통과하거나, 수비를 고립시키고 제쳐내기 위한 빠른 콤비네이션을 수월하게 구사하는 이 팀의 플레이 방식은 한 마디로 숨이 멎을 정도다.

하지만 여기에는 어느 정도 운(luck)이 작용했다는 점 또한 분명히 할 필요는 있다. 맨체스터 시티가 2018/19시즌 레스터 시티를 상대한 37라운드에서 1-0으로 승리하지 못했다면 그들은 리그 타이틀을 방어하지 못했을 것이다. 이 경기에서 골이 어떻게 터졌을까? 콤파니가 볼을 갖고 수비 진영에서 올라와 매우 확률 낮은 먼 거리 슈팅을 통해 득점에 성공했다.

이러한 유형의 골은 축구 경기의 다른 일면을 보여준다. 지도자는 팀에 자신의 게임 모델의 일부로서 전술적 컨셉을 장착시킬 수 있지만, 또한 지

결론

도자는 경기 상황이 요구하는 바에 따라 자신의 스타일에 변화를 줄 만큼 충분히 유연할 필요도 있다. 레스터와의 경기가 끝난 후 스털링과 과르디올라는 인터뷰를 가졌는데, 콤파니가 슈팅을 조준할 적에 어떤 생각이 들었는지 질문을 받았다. 둘 다 거의 같은 답변을 했다. '안 돼! 비니(빈센트 콤파니), 슛 하지마!'

맨체스터 시티가 사용하는 게임 모델 안에서 이 영역에 있는 선수는 이러한 슈팅을 구사하기보다 더 높은 성공률의 득점 기회를 창조하기 위해 페널티 에어리어로 볼을 전진시키려 할 것이다. 콤파니가 슈팅을 시도했을 뿐 아니라 득점까지 성공했다는 사실은 전술이 축구의 전체 환경에서 일부분에 불과함을 가르쳐준다. 이 책 전체에 걸쳐 전술적 컨셉에 관해 논의한 후 이런 말을 하는 게 이상하게 들릴 수는 있지만, 축구의 전술적 측면을 진정으로 이해하기 위해서는 축구의 다른 면 또한 제대로 알고 있어야만 한다.

내가 축구를 사랑할 수밖에 없는 이유의 큰 부분이 바로 축구가 상당히 주관적이라는 사실이다. 당신과 내가 옆에 앉아 똑같은 경기를 관전하더라도, 스코어와 같은 객관적 진실을 제외하면 우리는 경기 중 일어났던 일들에 관해 매우 다르게 받아들일 수 있다. 이는 반드시 우리 둘 중 하나가 틀렸음을 의미하지는 않는다. 단지 우리는 다른 견해를 지니고 있을 따름이다.

이 책이 흥미로웠기를 바라며, 여러분이 축구를 즐기고 이해하는데 있어 유용했기를 희망한다. 축구의 전술적 측면에 이미 관심을 갖고 있던 독자들의 경우에는 이 책을 통해 그러한 관심이 더욱 증폭되었길 바라며, 앞으로 직접 경기를 분석하고 글을 쓰고자 하셨으면 좋겠다. 내가 이렇게 쓸 수 있다면 누구나 할 수 있는 것 아니겠는가?

전술 관련 저작이 너무 많은 전문용어를 포함하고 지나치게 복잡하다 느껴왔던 독자들에겐, 이 책이 그러한 선입견을 제거하고 전술에 관해 흥미를 갖는데 도움이 됐기를 바란다.

이제껏 언급한 유형 그 어디에도 쉽사리 속하지 않는 독자들의 경우에는, 내가 이 책을 쓰면서 즐거웠던 만큼 여러분도 이 책을 즐기셨기를 희망해 마지않는다.

PEP
GUARDIOLA

PEP
GUARDIOLA

과르디올라가 이끄는 최강 맨체스터 시티 전술 콘셉트

PEP
GUARDIOLA

펩 과르디올라

과르디올라가 이끄는 최강 맨체스터 시티 전술 콘셉트

1판 1쇄 │ 2022년 3월 28일
1판 4쇄 │ 2024년 3월 4일
지 은 이 │ 리 스콧
감   수 │ 한 준 희
옮 긴 이 │ 김 보 찬
발 행 인 │ 김 인 태
발 행 처 │ 삼호미디어
등   록 │ 1993년 10월 12일 제21-494호
주   소 │ 서울특별시 서초구 강남대로 545-21 거림빌딩 4층
　　　　　www.samhomedia.com
전   화 │ (02)544-9456(영업부) / (02)544-9457(편집기획부)
팩   스 │ (02)512-3593

ISBN 978-89-7849-653-7 (13690)

Copyright 2022 by SAMHO MEDIA PUBLISHING CO.

출판사의 허락 없이 무단 복제와 무단 전재를 금합니다.
잘못된 책은 구입처에서 교환해 드립니다.